함께 하는 느린 통일

[지은이 전영선]

건국대학교 인문학연구원·대학원 통일인문학과 교수.
한양대학교 국어국문학과에서 고전문학을 전공했다. 북한, 통일을 전공하리라고는 상상도 못 했다. 중국 연길 새벽시장에서 북한판 '춘향전'를 만난 이후로 통일문제에 관심을 갖게 되었다.
통일은 사람 문제라는 인식으로 통일정책의 현장과 실천에서 인문학의 목소리를 만들고, 통일교육에 감성을 더하고자 노력한다. 내심 작가로 불리기를 희망하며, 통일 디자이너, 통일문화 번역가로 정체성을 만들고 있다.
그 동안 쓴 책으로는 『북한 아파트의 정치문화사』, 『공화국의 립스틱: 김정은 시대 뷰티와 화장품』, 『어서와 북한 영화는 처음이지』, 『NK POP: 북한의 전자음악과 대중음악』, 『북한의 체육정책과 체육문화』, 『북한에서 여자로 산다는 것』, 『글과 사진으로 보는 북한의 사회와 문화』, 『영상으로 보는 북한의 일상』, 『북한의 언어: 소통과 불통 사이의 남북언어』, 『북한의 정치와 문학』, 『영화로 보는 통일 이야기』, 『북한 애니메이션(아동영화)의 특성과 작품세계』, 『문화로 읽는 북한』, 『북한 예술의 창작지형과 21세기 트렌드』, 『북한의 대중문화』, 『북한 영화 속의 삶이야기』, 『북한 민족문화정책의 이론과 현장』, 『북한을 움직이는 문학예술인들』, 『북한의 문학과 예술』 외 다수가 있다.

함께 하는 느린 통일

1판 1쇄 인쇄_2026년 01월 30일
1판 1쇄 발행_2026년 02월 10일

지은이_전영선
펴낸이_양정섭

펴낸곳_경진출판
등록_제2010-000004호
이메일_mykyungjin@daum.net
스마트스토어_https://smartstore.naver.com/kyungjinpub(경진출판 예서의 책)
사업장주소_서울특별시 금천구 시흥대로57길 17(시흥동, 영광빌딩), 203호
전화_070-7550-7776 팩스_02-806-7282

값 18,000원
ISBN 979-11-24168-05-9 03340

함께 하는 느린 통일

전영선 지음

프롤로그

‘통일’과 ‘통일’ 사이

느린 통일

정당이 바뀌면 통일정책이 바뀐다. 정당이 달라지면 바뀌는 정도가 훨씬 더 크다. 새로운 정책의 개념을 잡고, 새로운 정부의 색깔에 맞는 옷을 입히고, 정책 추진을 위한 조직 정비에 몇 년을 보내다 보면 집권 중반기에 들어선다.

생각보다 짧은 시간에 성과를 올리기에 급급해진다. 몇 번의 정권 교체를 통해 요령이 생겼다. 새 정권에서는 새로운 정책이 나온다는 것을 알게 된다.

통일은 건강하고, 함께하는 숙의의 과정으로 진행되어야 한다. 통일은 우리 사회의 건강성을 진단하는 지표이다. 건강한 사회는 건강한 사회정신을 기반으로 인정과 협력을 통해 이루어진다.

우리 사회의 적대와 혐오를 생산하는 원천으로 분단이 있다.

적대와 혐오를 해소하는 과정은 빨리 갈 수 없다. 남북 사이에 이루어진 감동적인 연출로 해소할 수 없다. 성급한 정책으로 부정적인 인식과 갈등은 오히려 강화되었다.

'통일 대박', '평화번영'으로 통일을 재개발할 수 없다. 원인과 진달, 치밀한 설계와 기획으로 건강한 통일을 디자인해야 한다. 통일이 어떤 의미인지, 통일이 무엇을 의미하는지 성찰도 없이, 좋다고 따르는 것은 건강한 통일이 아니다.

통일은 건강한 기초를 다지는 과정이다. 함께해야 한다. 느리지만 함께하는 과정이 건강해야 결과도 건강해진다. 통일은 건강한 생태계를 구축하는 과정에서 얻어진다.

함께하는 통일

사막에
모래보다 더 많은 것이 있다.
모래와 모래 사이다.

사막에는
모래보다
모래와 모래 사이가 더 많다.

이문재 시인의 「사막」이라는 시의 한 부분이다.

시인은 사막에서 "모래보다 더 많은" '사이'를 보았다. 사막은 온통 모래로 뒤덮여 있다. 시인은 사막에서 모래가 서로 연결되어 있다는 것을 보았다. 모래와 모래가 연결되기 위해서는 반드시 사이가 있어야 한다. '모래'와 '모래'가 있게 하는 '사이'는 모래가 모래로서 존재하기 위한 필연이다.

문학평론가 오태호의 말을 빌리자면 "그 사이는 존재 간의 여백, 빈틈, 관계, 연결 등의 공간적 기표로 활용됨으로써 모래 자체가 '홀로 존재'가 아니라 '다른 모래 사이에 있는' 관계망적 존재임을 사유하게 한다"(오태호, 『허공의 지도』, 새미, 2016, 171쪽).

통일도 그렇다. 사막에 모래보다 많은 사이가 있듯, 사이가 있다. 내가 생각하는 '통일'과 다른 이가 생각하는 '통일'은 사이가 있다. 모래보다 많은 통일과 통일 사이를 "관계망적 존재임을 사유"하지 않는다. '관계망적 존재'임을 망각하고 유아독존(唯我獨尊)으로 존재하고자 한다.

사이가 없는 관계, 여지를 두지 않는 관계는 절망이다. 통일의 출발은 '사이'를 인정하는 것이다. '사이', 즉 공간과 여지가 있음을 인지하는 것이다. 통일은 관계와 관계로 이어지는 노드(node)로 이어져야 한다.

얼마 전부터 오태호의 문학평론으로 흐트러진 아침을 정리하기 시작했다. 활자는 마음을 가라앉히는 힘이 있다. 활자 사이를 서걱거리는 연필 소리에 아침이 청명해졌다. 언어의 바다, 언어의 사막에서 애써 건진 시어에 집중하게 된다. 시의 언어는 신선하다. 견고한 척, 잘 다져진 척하는 매너리즘에서 구원해 준다. 세상을 이렇게 볼 수도 있다니. 싱싱하고 신선하다.

영감을 준 오태호 선생께 감사드린다. 덕분에 인문학이 통일에 무엇을 할 수 있을까? 라는 질문에 변론을 기댈 수 있었다. 몇 끼는 밥으로 '공복'과 '공복' 사이를 채워드려야 할 것 같다. 더불어 통일 문제를 고민하며, 통일인문학으로 통일 사유를 두텁게 만드는 동학들에게 감사드린다.

나름 정리하고, 체계를 세웠지만 처음부터 체계적으로 기획되지 않았던 터라, 산만하고 가지런하지 않았다. 부족한 원고를 정리하고, 책으로 담아준 출판사 관계자분들께 감사드린다.

대지를 포옹하는 흰 눈을 보면서,
2026년 1월 9일
전영선

차 례

제4부 통일을 상상하는 인문학 ···· 125

제5부 통일이 불편한 세대 ···· 155

제6부 통일은 교육할 수 있는 것인가 ···· 191

제1부
진땀 나는 질문, '통일'

전쟁이 얼마나 필요하다고 생각하십니까?

"전쟁이 얼마나 필요하다고 생각하십니까?"

① 매우 필요하다

② 약간 필요하다

③ 보통이다

④ 약간 필요하지 않다

⑤ 매우 필요하지 않다

이런 설문을 실제로 받아본 사람이 과연 있을까. 적어도 한반도 문제를 다루는 정상적인 조사라면 '통일이 필요하냐'고는 물어도, '전쟁이 필요하냐'고 묻지는 않는다.

대신 우리는 익숙하게 이런 질문을 마주한다.

"통일이 얼마나 필요하다고 생각하세요?"

"언제쯤 통일이 될 것이라고 생각하세요?"
"통일이 되면 어떻게 될 것이라고 생각하세요?"
실제 설문도 대부분 이런 방식이다.

"통일이 필요하다고 생각하십니까?"

① 매우 필요하다
② 약간 필요하다
③ 보통이다
④ 약간 필요하지 않다
⑤ 매우 필요하지 않다

일반인들이라면 이런 설문을 한 번도 받아 보지 못했을 수도 있겠다. 하지만 이런 조사는 매년 한다. 통일에 대해 어떻게 생각하는지를 물어보거나 '통일이 언제쯤 될 것'이라 생각하는지 묻는다. 또한 통일정책에 대한 의견이나 한반도 통일에 어떤 나라가 가장 큰 영향을 미치는 나라가 어떤 나라인지 묻는다.

일반 시민이라면 이런 조사를 한 번도 받아보지 못했을 수 있다. 그러나 통일에 관한 여론조사는 매년 진행된다. 통일에 대한 인식, 통일 시기에 대한 전망, 통일정책에 대한 의견, 그리고 한반도 통일에 가장 큰 영향을 미치는 나라가 어디인지 등을 묻는다.

서울대학교 통일평화연구원의 통일의식 조사, 통일연구원, 민주평화통일자문회의 등 관련 기관에서는 분기(分期)별로, 특정한 계기별로 여론조사를 한다. 여론조사의 질문 역시 '평화가 필요하다고 생각하십니까?', '통일이 필요하십니까?'라는 것이다.

그렇다면 왜 "전쟁이 얼마나 필요하다고 생각하십니까?"라고 묻지 않을까? 이유는 분명하다. 전쟁을 반대하고 평화를 지향하는 것은 보편적인 시민의식이자 인류가 추구해야 할 당연한 가치이기 때문이다.

한반도의 '평화'는 남북 관계와 분리될 수 없기에 한반도 평화는 늘 통일과 연관되어 생각된다.

통일경보는 나를 불안케 한다

"5679는 나를 불안케 한다"

나는 왜,
앞에 가는 자동차 번호판 숫자를
바꾸고 싶을까
5679는 5678이나 4567로 순서를
맞추고 싶고
3646은 3636으로, 7442는 7447로 짝을 맞추고 싶을까
5679, 3646, 7442는 나를 불안케 한다

—박상천, 「5679는 나를 불안케 한다」 부분

박상천 시인의 「5679는 나를 불안케 한다」는 현대인의 불안 심리를 절묘하게 포착한 작품이다.

현대인의 삶은 본래 불안 위에 서 있다. 풍요 속에서도 만족하지 못해 늘 어딘가 불편하고, 균형이 조금만 어그러져도 심리적 불안을 느낀다. 앞차의 번호판 숫자가 가지런하지 않거나 좌우 대칭이 아니어도 마음이 쓰이고, 정리해 둔 파일도 어딘가 불안하다. 파일을 저장하면서도 확인하고 또 확인하는 것이 현대인의 일상적 심리다.

그래도 시의 마지막은 희망으로 향한다.

그래도 나는,
나를 불안케 하는 것들과 함께 살아간다.
잘 살아가고 있다.

—박상천, 「5679는 나를 불안케 한다」 일부

한반도는 분단 이후 일상 속에서 고유한 불안을 만들어 냈다. 그래서 통일을 '불안을 해소하고 평안을 회복하는 과정'으로 설명하는 경우도 있다. 통일 교육에서 평화를 강조하는 이유 또한 여기에 닿아 있다.

그러나 현실에서 사람들이 실제로 체감하는 것은 '평화'보다는 '전쟁'이다. 세계사는 전쟁을 바라지 않고 전쟁을 혐오해도, 평화를 지킬 힘이 없다면 전쟁을 피할 수 없다는 사실을 반복적으로 보여 주었다.

2023년 5월 31일 새벽, 서울 지역 주민들에게 긴급 경계경보

문자가 발령되었다.

“서울 지역에 경계경보 발령. 국민 여러분께서는 대피할 준비를 하시고, 어린이와 노약자가 우선 대피할 수 있도록 해 주시기 바랍니다.”

새벽 6시 30분, 경계경보 발령 후 10여 분이 지나 “경계경보는 오발령 사항임을 알려드립니다”라는 정정 안내가 도착했다. 짧은 시간이었지만 그 체감된 공포와 불안은 결코 가볍지 않았다. 이유가 무엇이었든, 사람들의 뇌리에 가장 먼저 떠오른 것은 ‘전쟁’이었다.

한밤중에 울린 경계경보는 평온한 아침을 맞는 일이 얼마나 소중한지 일깨워 주었다. 겉으로는 평온해 보이는 일상 속에서도 잠재된 공포는 우리를 쉽게 흔들어 놓는다.

전쟁이 두려운 이유는 단지 물리적 피해 때문만은 아니다. 전쟁은 인간을 믿을 수 없게 만들고, 인간 내면 깊숙이 숨겨져 있던 파괴적 본성을 노골적으로 드러낸다. 정신을 황폐하게 만들고, 마음을 갈기갈기 찢어놓기 때문이다.

전쟁의 상처는 끔찍했고, 정전이 아닌 휴전 상태는 지금도 이어지고 있다. 남북은 어느덧 분단 80년을 맞이했고, 휴전으로 봉합된 채 70여 년을 버텨 왔다. 통일을 이야기하려는 순간마다 전쟁의 곪은 상처가 다시 터져 나오듯 아픔이 되살아난다.

자본주의의 반대는

자본주의의 반대는 무엇일까?

정치인의 관점에서 본다면 자본주의의 반대는 사회주의라고 말할 것이다. 자본주의는 시장을 기반으로 하고, 사회주의는 시장을 기반으로 하지 않는다는 인식 때문이다. 시장이 없으면 계획경제이고, 계획경제가 사회주의라는 단순화된 공식이 여전히 작동한다.

실제로 그럴까. 실제로는 그렇기도 하고, 그렇지 않기도 하다.

'시장'의 반대는 곧 '시장이 없는 것', 혹은 '시장이 아닌 것'인데, 이를 명확히 구분하기란 쉽지 않다. 순수한 시장경제나 순수한 계획경제로 돌아가는 사회는 존재하지 않는다. 두 체제는 언제나 혼합적이며, 사회가 보유한 자본을 어떻게 운영할 것인가에 따라 시장과 계획의 비중을 조정할 뿐이다.

그렇다면 자본주의의 진정한 반대는 무엇일까?

오히려 자본 자체에 대한 근본적 문제 제기라는 점에서 '생태주의'가 더 적합한 반대항일 수 있다. 생태주의는 자본의 무한한 확장과 거대화를 비판하고, 자본의 흐름에 종속되는 삶을 경고한다. 자본의 힘을 완전히 거스를 수 없다는 것을 알면서도 실천적 운동으로 이어지는 이유는, 거대 자본의 독점이 초래할 위험과 생태·생명 문제의 심각성이 미래를 위협하고 있기 때문이다.

통일에도 생태적인 관점이 적용되기 시작했다.

그동안 통일의 숭고한 사명은 민족사적 관점에서 역사 복원을 향한 열망, 강대국으로 도약하려는 욕망, 평화를 지키고 경제를 발전시키려는 희망으로 설명되었다.

그러나 전 지구적인 재난은 새로운 통일 담론을 요구한다.

기후 위기, 보건 위기, 환경 위기는 인간이 그어놓은 물리적 경계의 허무함을 드러냈다.

생명공동체로서 전 지구적 차원의 위기 관리를 위한 논의의 장을 열어 나가야 한다.

‘통일’을 자유롭게 말할 수 있을까

통일 교육에서는 ‘통일’이나 북한 문제에 대해 ‘자유롭게 말하라’고 한다.

‘자유롭게 말하라’고 하지만 자유롭지 않다. ‘자유롭게 말하라’는 말이 곧 자유를 보장하는 것은 아니다. 자유롭게 말하려면 먼저 말하고 싶은 마음이 있어야 하고, 그 마음이 억압되지 않아야 한다.

말한다는 것은 단순히 소리를 높이는 것이 아니다. 소리는 지르면 되지만, 말은 조리(條理)가 있어야 하고, 조리가 있으려면 알아야 한다.

통일에 관심도 없고, 통일에 대해 아는 것도 없다면 말의 자유는 공허해진다. 시험에 나온다면 억지로라도 공부해 조리 있게 말하려 했을지 모르지만, 애초에 통일이 '무용한 것'이라고 여기는 사람에게 "통일에 대해 자유롭게 말하라"고 주문하면, 과연 자유롭게 "필요 없다"고 말할 수 있을까? 그게 진짜 자유일까?

우리는 통일의 실체에 대해 배우지 않았다. 학교에서는 '통일'을 윤리나 도덕의 문제로 배웠고, 통일이 무엇인지보다 통일을 어떻게 '경건하게' 받아들여야 하는지를 먼저 익혔다. 그러니 "통일에 대해 자유롭게 말하라"는 요청 자체가 얼마나 공허한지 돌아볼 필요가 있다. 말하기의 자유 이전에, 통일이라는 개념이 과연 자유로운지부터 질문해야 한다.

통일 교육은 결국 우리 사회의 민주주의 성숙과 관련되어 있다. 대화에는 율격이 있고, 품위가 있어야 한다. 그보다 먼저 '정보'가 있어야 한다.

통일이 무엇인지, 통일이 우리의 삶에 구체적으로 어떤 영향을 미칠 것인지, 가능한 여러 통일 방안은 무엇인지에 대한 실질적 정보가 주어져야 한다.

예를 들어 통일을 '남과 북의 완전한 합일'로만 상정할 필요는 없다. 남북이 그대로 각자의 정치제도를 유지하면서 강원도 일부를 '통일 특구'로 운영하는 남북+1 방식도 가능하다. 이런 다양한 논의와 실험적 상상들이 쌓여야 통일에 대한 사유는 확장된다. 통일은 하나의 정답을 요구하는 문제가 아니라, 가능성을 넓혀가는 과정이다.

'통일'의 기표와 기의

언어학에서는 언어를 두 가지 차원에서 바라본다. 하나는 '시니피앙(signifiant)'이고, 다른 하나는 '시니피에(signifié)'이다. 전자는 기표, 후자는 기의라고 번역된다.

기표는 어떤 대상을 표현하는 한어적 형태이다. 예를 들어 '사람', 'men', '人'이라는 서로 다른 표기는 모두 동일한 대상을 가리키지만, 그 표기 방식은 언어와 문화에 따라 다르다.

반면 기의는 기표가 가리키는 실제 대상이다. '사람'이라고 하거나 'men'이라고 하거나 '人'이라고 달리 말해도, 가리키는 것은 같다. 존재적 차원의 '사람'이다.

언어를 기표와 기의를 분리할 수 있는 이유는, 이 둘의 관계가 결코 자연적·필연적이지 않기 때문이다. 기표와 기의 사이가 끈끈하지 않은 관계로 어설프게 묶여 있다. 언어의 기호와 세계의 실재는 원래부터 연결되어 있었던 것이 아니라, 사회적으로 '그렇게 부르기로 약속된' 임의적 관계에 가깝다. 기표는 사회적 약속일뿐이다. 사회적으로 그렇게 부르기로 약속하면 언어로 자리 잡는다.

핸드폰을 예로 들어 보자. 남한에서는 '핸드폰'이라 부르고, 영어권에서는 cell phone·mobile phone·cellular phone이라고 부르며, 북한에서는 '손전화기'라고 한다. 핸드폰(hand phone)이 손과 전화기의 영어 합성어라고 해서, 핸드폰과 손전화기가 같은 것이 아니다. 지칭하는 것은 같지만 표기하는 방식이 다른 것이다.

남한에서 '손전화기'라고 말하면, '연변에서 오셨어요?', '탈북민이세요?'라는 소리를 들을 수 있다. 반대로 북한에서 '핸드폰'이라고 했다간 자칫 「평양문화어보호법」 위반으로 잡혀갈 수 있다.

남한에서 '핸드폰'으로 북한에서 '손전화기'로 부르는 것은 많은 사람들이 그렇게 부르기 때문이지, 맞고 틀려서 그런 것이 아니다. 언어는 숫자—즉, 얼마나 많은 사람들이 사용하는가—가 중요하다. 표준어 역시 '본질적인 올바름' 때문이 아니라 사회적으로 많이 쓰이기 때문에 '표준어'가 된 것이다.

사물과 언어 사이에 필연적·본질적 연결이 존재하는 것은 아니다. 남북 관계도 그렇다. '정상회담을 하겠다'는 표현도 기표일 뿐이며, 그 말이 반드시 실제 정상회담이라는 기의로 이어지는 것은 아니다.

언어 이해에서 중요한 것은 말해진 부분만이 아니다. 연구에 따르면 언어로 전달되는 정보는 약 30%에 불과하며, 나머지 70%는 말의 속도, 억양, 높낮이, 표정, 태도 등 비언어적 요소를 통해 전달된다.

예를 들어 '잘했어'라는 말은 상황에 따라 칭찬이 될 수도 있고, 비난이나 빈정거림이 될 수도 있다. 발화자의 상태와 맥락, 태도에 따라 기표와 기의의 관계가 달라진다. 통일도 그렇다. '누가' 하느냐에 따라 '평화'가 되기도 하고, '안보'가 되기도 한다.

통일의 용기(勇氣)와 용기(用器)

대한민국은 통일을 담아낼 용기(用器)가 되는가. 분단의 갈등을 담아내고, 적대적 감성을 품어낼 정도의 크기를 갖고 있는가? 솔직한 대답은 '아직 아니다'이다.

남북은 분단 이후 계속 통일 문제를 말해 왔다. 그러나 실제로는 체제 선전적 속성이 강했다. 통일에 대한 구체적 준비보다는 '우리는 통일을 간절히 원하고 있다'는 것을 보여주기 위한 것이었다.

'통일을 원한다'고 강조하는 것은 결국 '저쪽 때문에 통일을 하지 못하고 있다'는 점을 드러내고 싶었던 것이다. 다시 말해, '우리는 절실하게 통일을 원하지만 상대 때문에 통일하지 못한다'는 인식을 만들고자 했다. 통일하지 못하는 이유를 상대에게서 찾았고, 이를 적을 비판하는 빌미로 활용했다. 정치적으로도 유용했다. 집권 세력에 대한 비판이나 민주화 요구를 피하기 위한 적절한 핑계로 사용되기도 했다. 이른바 '적대적 공생관계'가 형성된 것이다.

한반도 문제의 평화적 해결, 남북의 협력적 관계 설정이 어려운 것도 이러한 '적대적 공생관계'가 만든 상처 때문이다. 수십 년간 적대적으로 지내온 남북이 갑자기 화해한다는 것은 극적이지만, 진정성 있는 신뢰를 형성하기에는 넘어야 할 과제도 많고 불신의 골도 깊다.

통일에는 상당한 용기(勇氣)가 필요하다.

상당한 충격을 인내해야 하고, 소용돌이를 감내해야 하며, 서로에게 곁을 내야 가능한 일이다. 상황이 닥치면 피할 수 없다. 전쟁으로부터 평화를 지키기 위해 힘이 필요하듯, 통일을 마주할 용기도 필요하다.

결과는 알 수 없다. 정해진 것은 없기 때문이다. 계획대로 진행된다면 좋겠지만, 광복과 분단의 역사에서 보았듯 그럴 가능성은 높지 않을 것이다.

지금까지의 경로에서 벗어날 용기를 내야 한다. 변화할 용기가 없다면, 변화에 조금씩 적응할 준비라도 해야 한다. 대한민국의 변화된 위상에 맞는 역할을 고민해야 한다.

국제사회에서 대한민국의 역할이 커지고 있다. 세계 10위권 경제 강국으로서 국제 평화와 협력의 주체로서의 역할이 강조되고 있다. 국가 역량이 커질수록 국제사회에 대한 도덕적 의무와 책임도 커진다. 이제 대한민국 지도자는 경제 발전이나 민주화만을 이야기할 수 없다. 동북아의 평화를 이야기하고, 국제사회에서 책임 있는 역할을 논의해야 한다. 대한민국은 세계화 시대에 맞는 국제적 협력을 넓혀야 한다. 더 이상 국내정치 틀 안에서만 민주화와 경제발전을 논하던 시대는 지났다. 앞으로도 그럴 것이다.

대한민국이 국제사회에 미치는 영향이 커질수록 한반도 문제는 협력적으로 풀어야 한다. 국제사회와 협력을 강화하면서, 한반도 문제를 분쟁적으로 해결할 수는 없다.

세계사적 변화의 흐름에 맞추어 국가의 장기 비전을 설계해야 한다. 10년, 20년 후의 미래를 구상하며 주변국의 변화와 한반도의 운명을 함께 고려해야 한다. 주변 4강은 매우 강한 국가들이다. 이러한 나라들 사이에서 대한민국의 국가 미래를 설계해야 한다. 대한민국의 미래 발전에서 한반도 문제, 통일 문제는 국가 발전과 직결되는 핵심 과제가 되었다.

통일로 승리하리라

통일은 분단 이후 우리 사회의 가장 중요한 가치이자 목표였다. 통일해야 하는 이유는 여러 가지였다. 일제의 한반도 강점이 시작되면서 식민지를 거쳤고, 뜻하지 않게 분단된 상황으로 광복을 맞이하였다.

통일은 물어볼 필요가 없는 민족사적 숙원사업이었다. 좌, 우를 넘어 한반도에 그어진 경계를 없애기 위해 경계를 넘었다. 일단 통일이 우선이었다. 분단된 조국은 광복은 미완의 광복이었다. 한민족 역사에 큰 과오(過誤)를 남기는 일이었다.

그러나 분단 이후 이념 갈등이 극도로 격화되면서 전쟁으로까지 비화했고, 한반도는 세계에서 가장 치열한 이념 대결의 장이 되었다. 분단 이전까지 한민족은 역사도 같고, 언어도 같고, 문화도 같은 공동체였다.

그 민족이 단 하나의 이데올로기를 기준으로 갈려버렸다. 남과 북이 선택한 이데올로기는 자본주의와 사회주의 체제의 우열을 가르는 리트머스 시험지였다. 통일은 곧 이념의 승리를 결정하는 결승점이 되었다. 이른바 승공통일, 멸공통일 같은 구호가 등장했다.

1980년대 중반, 세계적 흐름 속에서 사회주의권의 개혁·개방이 이어지자 상황은 크게 달라졌다. 이데올로기 경쟁은 사실상 종료되었고, 사회주의 종주국 소련마저 해체되었다. 1988년 서울올림픽은 남한이 선택한 자유민주주의 체제가 북한의 사회주의보다 우월하다는 사실을 세계에 확인시키는 상징적 사건이었다.

남한은 경제성장을 기반으로 세계 무대에서 입지를 넓혀갔고, 북한은 경제난 속에서 '민족제일주의'라는 이름으로 문을 걸어 잠갔다. 남북을 단순 비교하는 것은 의미가 없을 정도였다. 남한은 북한을 시장경제로 이끄는 '선도자'가 되어야 한다는 인식이 널리 퍼졌다. 통일은 남북이 하나가 되어 더 큰 경제성장을 이루고, 세계 선진국으로 도약하기 위해 필수적인 조건으로 여겨졌다.

경제 발전이 절실했던 한국은 통일의 당위를 경제 논리에서 찾았다. 한반도에 평화가 정착된다면 전적으로 경제성장에 집중할 수 있었고, 북한의 자원을 개발해 협력한다면 더 큰 도약도 가능했다. 이것이 바로 경제통일론이었다.

"통일되면 북한의 천연자원과 노동력, 남한의 첨단기술과 국제 마케팅 능력이 결합하여 우리도 선진국이 될 수 있다"는 논리가 힘을 얻었다. 중국이 북한 자원을 값싸게 가져가기 전에 남북이 먼저 경제협력을 해야 한다는 주장도 설득력을 지녔다.

빠르게 영향력을 확대하던 중국은 동북 3성(길림성·요령성·흑룡강성)을 적극 개발하며, 북한이 중국에 사실상 흡수되어 '동북 4성'이 될 수 있다는 경고도 나왔다.

어쩔 수 없는 시대적 흐름이라 하더라도, 통일의 주체는 여전히 한반도에서 살아가는 '인간'이다. 통일은 체제의 문제가 아니라 삶의 문제이며, 정치적 선택이 아니라 존재적 선택의 문제이다. 따라서 한반도의 현실 속에서 어떤 삶이 올바른 삶인지 충분히 논의하고, 스스로 결정할 수 있는 기회를 만들어야 한다.

미래를 위한 기획과 '어떤 한반도를 만들 것인가'에 대한 숙고를 통해, 우리는 비로소 성숙한 통일 담론을 생산할 수 있다. 통일은 완성되어야 할 목표가 아니라, 함께 만들어가야 할 과정이다.

통일 대박과 쪽박 사이

'통일 대박'이라는 표현이 한창 유행하던 시기가 있었다. 박근혜 정부는 "통일은 대박이다"라는 구호로 통일의 경제적 이익을 강조했다. '통일대박론'은 경제적 관점에서 통일을 설명하는 대표적 담론이었다. 말하자면 "통일하면 대박, 통일 안 하면 쪽박", "우리가 가만히 있으면 다른 나라가 북한의 자원을 가져가니, 우리가 먼저 통일로 이익을 확보해야 한다"는 논리였다.

이처럼 통일을 단 한 문장으로 설명하기 쉬웠던 때가 없었다. 통일의 필요성을 길게 설명할 필요도 없었다. 말 그대로 '대박'이라는 단어 하나면 충분했다.

구호에는 사람을 끌어당기는 힘이 있다. 그 힘은 여러 곳에서 직접 확인되었다. 모임 자리에서 술잔을 들고 "통일은—" 하면 자연스레 "대박이다!"로 화답하며 건배를 하곤 했다. 사회 전반적으로 통일에 대한 관심이 약해지고 있었지만, 통일대박론은 식어가던 논의에 다시 불씨를 지폈다. 구호의 힘은 분명했다.

물론 통일은 우리에게 많은 것을 줄 수 있다. 그러나 그 모든 것을 제대로 받아들일 준비가 우리에게 되어 있는가가 더 중요하다.

남북 분단이 남긴 마음의 장벽, 몸에 각인된 상처의 기억을 바꿔야 한다. 서로의 문화적 차이를 인정하고, 차이 속에서 공통성을 발견하며, 그 공통성으로 새로운 문화를 만들어가는 과정이 필요하다. 남북의 문화가 현실적으로 공존하기 위해서는 사회적 성숙이 필수적이다.

북한대학원대학교 수업에서 있었던 일이다. 통일을 가볍게 접근해 보라는 의미에서 몇 가지 과제를 냈다.

"통일이 되면 대박 날 직업은 무엇인가?",
"북한 주민에게 추천하고 싶은 한국 영화 5편은?",
"북한 주민에게 보여주고 싶은 장소와 이유는?",
"북한 어디든 갈 수 있다면 가고 싶은 곳 5곳은?" 등등이었다.

수업에는 20대부터 60대까지, 전업 학생부터 종교인, 시민단체 활동가, 북한이탈주민, 정치인까지 매우 다양한 사람들이 모여 있었다. 각자의 사회적 경험을 바탕으로 어떤 통일관을 가지고 있는지 듣고 싶었다.

그러나 결과를 공유하면서 충격적인 점이 드러났다. 남북 문화에 대한 이해가 부족했다. '남북이 함께 부를 수 있는 노래 5곡'을 찾는 일조차 쉽지 않았다. 간신히 한두 곡의 제목만 기억해도 박수를 받을 정도였다. 북한을 전문적으로 공부하는 대학원이었지만 북한 문화에 대한 이해는 일반인과 크게 다르지 않았다.

통일에 대한 열의는 있었지만, 통일을 준비할 기초체력은 부족했다. 열정만으로 해결되지 않는 어려운 과정들이 존재한다. 통일은 이 지난한 과정을 버틸 수 있는 튼튼한 체력이 있을 때 비로소 도달할 수 있는 목표이다. 욕심만으로 해낼 수 있는 문제는 아니다.

시간이 변하면, 달라지더이다

남북은 분단의 시간만큼 서로 다른 삶을 살아왔다. 문화적 공통성이라는 표현이 무색할 정도로 생활 방식, 감정 구조, 언어의 결까지 달라졌다. 이는 소통 없이 지나온 긴 분단의 시간이 남긴 필연적 결과다.

남북 문화의 이질화를 당연한 결과로 치부해서는 안 된다. 통일이 아니어도 문화의 혈맥을 찾아 잇는 작업은 지속해야 한다. 그래야 '보편적 가치와 기준'이라는 말이 남북 모두에게 통용될 수 있다.

남북 교류는 당장의 성과를 얻기 위한 일이 아니다. 통일 과정에서 지불해야 할 사회적 비용을 줄이고, 그 이익을 미래의 통일 한국에 환원하기 위한 장기적 준비 과정이다.

통일은 분단된 삶이 다시 하나로 합쳐지는 지난(至難)한 여정이다. 서로 다른 타자와 소통하고, 서로의 상처를 치유하면서 '마음의 장벽'을 허물어가는 과정이 필요하다.

남북 사이에 자리 잡은 분단의 기억과 불신은 하루아침에 생긴 것이 아니다. 수십 년 동안 불신의 관계가 이어져 왔고, 상대가 어떤 말을 하든 진정성보다 말 뒤에 감춘 의도를 먼저 경계하게 되었다. 불신의 아비투스가 우리 삶 속에 깊이 파고들었기 때문이다.

통일이 되었다고 가정해 보자. 그렇다면 현재 휴전선 이북에 사는 사람들을 무엇이라고 부를까? 많은 사람들은 여전히 '북한 사람'이라고 답한다. '우리 사람'이라는 인식보다 '북한 사람'이라는 생각이 앞선다. 통일 이후에도 '북한 사람'이라는 개념이 지속된다면 통일한국의 사회통합에 큰 걸림돌이 될 것이다.

문화적 차원에서 새로운 민족 개념을 정립해야 한다. 그 방향은 혈연·언어·생활문화 같은 표준화된 지표가 아니라, 한민족 구성원들이 지역마다 이룩한 차이와 문화 변용을 토대로 그 차이가 교감되고 소통되는 집단적 유대를 형성하는 데 있다. 체제 대립뿐 아니라 '마음의 장벽'을 남겼다는 점에서, 사람 간 소통과 상처 치유, 평화공존의 방향 속에서 통일을 준비해야 한다.

삶이 통합되어야 통일이라 할 수 있다.

통합은 삶의 차원에서 이루어져야 한다. 통일 문제는 민족 구성원 개개인의 '삶'과 직접적으로 연결된다. 어떤 논의를 하더라도 남북과 해외 한민족의 실제 삶을 고려하게 된다. 구성원이 '민족'이라는 이름으로 묶여 있는 한, 통일 논의는 자연스럽게 민족적 차원의 논의가 된다. 그것이 긍정적·평화적 방향이든, 독점적·폐쇄적 방향이든 별개로, 통일은 정치·경제·법제도적 통합으로 환원되지 않는다. 통일은 민족이 공유해 온 역사와 전통, 그리고 삶을 통합하는 것이다.

중요한 것은 감성적 공감이다. 정치·경제·법제도의 통합을 가능하게 만드는 힘은 결국 일상의 삶에 대한 이해와 공감에서 나온다. 통일의 동력은 제도보다 '삶'에서 형성된다.

통일은 되는 것이 아니라 하는 것이다

남북 교류와 협력은 단순히 사람과 물자가 오가는 사업이 아니다. 통일 생태계를 푸르게 가꾸고, 통일한국의 꽃을 피우는 과정이며, 대한민국의 미래 성장 동력을 확장하는 일이다.

남으로는 해양으로 진출하고, 북으로는 대륙으로 뻗어 나가는 길을 다시 찾아 한반도를 통해 대륙과 해양으로 이어졌던 문명이동의 꿈을 깨우는 과정이다.

막히면 뚫고 지나가는 뚝심과 함께 걸리면 돌아가는 지혜가 필요하다. 막힌다고 주저앉아서는 안 되고, 걸린다고 되돌아가서도 안 된다.

산이 강을 넘지 못하는 것인지, 강이 산을 넘지 못하는 것인지는 보는 관점에 따라 달라진다. 산처럼 단단히 버티는 힘과, 강처럼 돌아서 길을 찾는 지혜를 함께 배워야 한다.

통일은 '되는 것'이 아니라 '하는 것'이다. 우리의 의지와 실천으로 만드는 과정이다. 통일이 되었다고 해서 저절로 강대국이 되고, 자유와 평등이 실현되는 사회가 만들어지는 것은 아니다. 그렇게 만들어가야 한다. 그래서 지금 준비해야 한다. 지금 준비하지 않고는 나중에 좋은 결과를 바랄 수 없다.

옛날이야기 하나.

시골에 게으른 자식들을 둔 농부가 죽음을 앞두고 있었다. 농부는 죽기 전 자식들에게 밭에 황금을 묻어 두었다고 유언했다. 자식들은 황금을 찾기 위해 밭을 열심히 갈아엎었다. 하지만 아무것도 찾지 못했다. 실망하던 자식들은 갈아엎은 밭에 씨를 뿌렸고, 곡식이 잘 자라 큰 수확을 얻었다. 그제야 아버지가 말한 보물이 무엇인지 깨닫게 되었다. 진정한 보물은 앉아서 기다리는 것이 아니라, 실천하고 실행하는 과정에서 찾을 수 있는 것이다.

통일의 동력

우리는 북한에 대해 충분히 알지 못하고, 남북이 적대적으로 공존하는 과정에서 직접적·간접적 피해를 겪어왔다. 이른바 '코리언 리스크'로 불리는 한반도 정세 불안으로 인한 경제적 손실과 피해가 있다.

한민족의 이해와는 상관없는 분단으로 인해 벌어진 전쟁의 상처와 피해도 이루 말할 수 없다. 천만 이산가족이 겪는 가족사적 고통도 여전하다. 한반도 북쪽 지역을 사용하지 못해 발생하는 물류비용의 손해, 남북이 적대적이지 않았다면 가능했을 북한의 자원·노동력을 활용한 상호 발전의 기회 상실 비용도 있다.

분단의 직접적인 피해뿐 아니라 정신적으로 산술하기 어려운 비용도 있다. 냉전적 분단 구조로 인해 발생한 우리 사회의 불필요한 갈등 비용도 크다. 눈에 보이는 피해뿐 아니라 눈에 보이지 않는 피해까지 감당해야 한다면 그 비용은 적지 않다. 남북이 적대적으로 대치하고 분단 체제를 유지하는 한, 이러한 피해는 화해협력이 본격화되기 전까지 계속될 것이다.

또한 사회적 갈등이 치유되지 않고 화해의 방식을 배우지 못한다면, 통일 과정은 물론 통일 이후까지 사회통합의 갈등은 더 커질 것이다.

국익의 차원에서 이런 비용을 감당해야 할 이유는 크지 않다. 얻을 수 있는 이익을 스스로 포기하면서 고비용 분단 체제를 유지할 필요도 많지 않다. 남북관계를 상생 구조로 전환할 필요는 충분하다.

통일콘텐츠는 반드시 통일 '결과'를 목적으로 하지 않아도 된다. 통일은 결과보다 과정이 더 중요하다. 통일이라는 결과를 얻기 위해 불필요한 비용이 드는 방식을 찬성할 국민은 생각보다 많지 않다.

통일은 이제 필수에서 선택의 영역으로 넘어가고 있다. 선택을 강요하는 방식의 통일운동은 국민적 선택을 받기 어렵다. 국민적 지지를 얻지 못한 통일은 동력이 없는 통일이다.

다시 말해, 통일에 대한 국민의 지지는 윤리의 문제가 아니라 선택의 문제로 바뀌고 있다. 동력을 만들어내야 한다.

'변함' 없는 원칙과 '변화' 있는 접근

한반도를 둘러싼 불확실성은 점점 높아지고 있다. 사실 불확실하지 않았던 때가 있었는지조차 의문이다. 어느 시대를 보더라도 한반도의 상황이 완전히 평온했던 날은 손에 꼽을 정도이다. 대내외적 변수는 항상 많았고, 주변 국가에서 왕조가 바뀌거나 새로운 세력이 일어날 때마다 한반도는 그 영향에서 자유롭지 못했다.

한반도의 역사는 준비하지 않으면 어떤 결과를 초래하게 되는지를 너무도 잘 보여주었다.

근현대에 들어서도 마찬가지다. 한반도를 둘러싼 불확실성이 높아진 것은 변화된 환경 때문이다. 정치 환경은 물론 경제 환경, 생태환경도 한반도 정치에 영향을 미치는 변수가 되었다. 무관할 것 같았던 질병, 지구온난화, 환경오염은 새로운 상황을 만들었다.

코로나19로 인해 새로운 생태환경이 주는 영향력을 실감했다. 세계 각국은 백신과 치료제 개발에 국력을 총동원하고 있다. 첨단 무기로 패권을 주장하던 시대와는 다른 양상이다. 백신의 영향력이 다른 무엇보다 중요해졌다.

전문가들은 코로나19가 일시적 유행이 아니라고 말한다. 인류는 앞으로도 코로나19와 비슷한 문제에 다시 직면하게 될 것이다. 제2의 코로나19로 다른 질병들이 거론되기도 한다.

인류가 직면해야 할 문제는 눈에 보이지 않는 문제들이다. 질병과 환경오염, 기후변화는 국경을 가리지 않고 모든 인류 앞에 본격적으로 모습을 드러내고 있다.

앞으로 맞이하게 될 국제질서는 이런 보이지 않는 위기에 어떻게 대응하느냐에 따라 달라질 것이다. 지구 온난화 문제는 나날이 가속화되고 있고, 미세플라스틱을 비롯한 환경오염 문제도 이제는 일상 속으로 들어왔다. 국력은 GDP, 첨단 무기와 함께 '안전하고 깨끗한 환경을 얼마나 잘 구축할 수 있는가'로 평가될 것이다.

과학자들이 예측하는 미래 사회는 그리 밝지 않다. 지구온난화와 새로운 질병은 인류 공멸의 위협이 될 수 있다고 경고한다. 호주의 대형 산불은 지구온난화의 경고였고, 코로나19의 창궐은 불건강한 지구 환경이 만들어낼 수 있는 '미래의 예고편'이었다. 이미 많은 시간을 잃었고, 늦었는지도 모른다. 하지만 지금 변하지 않는다면 지구는 기후 재난으로 인해 거주 불가능한 환경이 될 것이라고 말한다.

연세대학교 전우택 교수는 인류의 가장 큰 어리석음을 설명할 때 제2차 세계대전 직전 프랑스의 '마지노선'을 예로 든다. 마지노선은 독일과의 국경 350km에 걸쳐 구축된 방어선으로, 당시 최고의 과학기술을 동원해 만든 거대한 요새였다. 철통같은 방어를 자랑했지만, 독일은 마지노선을 우회해 벨기에로 진격했고, 프랑스는 단 6주 만에 항복했다.

전우택 교수는 이 '어처구니없는 실패'를 제1차 세계대전의 성공에 대한 집착 때문이라고 분석한다. 참호전으로 독일을 막아낸 경험이 있었기에 프랑스는 '변화된 전술'을 예상하지 못한 것이다. 성공에 대한 확신이 오히려 새로운 시대에 대응하는 것을 방해했다.

20년 전의 성공은 미래를 보장하지 않는다. 미래를 준비하기 위해 가장 먼저 버려야 할 것은 '성공 경험'일지도 모른다. 성공은 확신을 만들고, 확신은 과거 방식에 대한 집착을 강화한다. 그 결과 우리는 자연스럽게 "라떼는 말이야"라고 말하게 된다.

분명한 것은, 대한민국이 앞으로 마주할 환경은 우리 혼자 해결할 수 있는 문제가 아니라는 점이다. 대화와 협력이라는

'변함없는 원칙'을 지키면서도 변화에 맞게 대응해야 한다. 한반도 평화를 위한 항심(恒心), 흔들리지 않는 마음이 어느 때보다 필요한 시기다.

제2부

분단을 사유하는 인문학

우리는 반(半)을 그리워하는가, 증오하는가

BBQ에 치킨을 주문할 때조차 아내와도 합의가 안 된다.
아내는 양념 나는 프라이드
양념반 프라이드 반을 주문한다.
프라이드치킨 반 마리를 먹은 후
거품 가득한 코카콜라를 단숨에 들이켠다.
문제는 반반에서 발생한다.
짬짜면을 시켜 먹었을 때
적당히 먹었다는 생각이 드는 것이 아니라
둘 다 부족하다는 생각

우리 동네 교촌치킨은 양념 반 프라이드 반 메뉴가 없다.
허니콤보로 주문한다.

—주창윤, 「양념 반 프라이드 반」

주창윤 시인의 「양념 반 프라이드 반」이라는 시다. '한반도(韓半島)'라는 말은 문자 그대로 '반쯤 섬'이라는 뜻이다. 섬은 네 면이 바다로 둘러싸여 있으나, 한반도는 삼면만이 바다에 닿아 있다. 그래서 완전한 섬은 아니지만 반쯤은 섬이다.

그런데 이 한반도는 다시 반으로 갈라져 있다. 남쪽은 세 면이 바다이지만 북쪽은 막혀 있다. 대한민국을 벗어나는 길은 하늘이나 바다를 통해서만 가능하다. 실질적으로는 섬의 운명을 지닌 셈이다.

한반도는 반으로 쪼개졌고, 그렇게 쪼개진 남쪽은 또 다시 반으로 나뉘고 있다. 시인의 말대로 양념 반, 프라이드 반, 짜장 반, 짬뽕 반의 세상이다. 반과 반은 쉽사리 섞이지 않는다. 경계는 분명하다.

양자의 경계는 너무도 견고하다. 프라이드에 양념 한 점 묻는 것도 '순결한 정체성'의 훼손하는 것이고, 짬뽕 국물이 짜장면을 습격하는 순간 '국물'은 '오물'이 된다.

반반의 세계에는 만족이 없다. 부족함은 허기를 낳고, 허기는 바이러스처럼 또 다른 허기를 창궐한다.

인문학이 뭘

인문학은 통일문제에 대해 인문학적 시각이 필요하다고 주장한다. 사회과학적 접근을 보완하는 수준을 넘어, 통일 문제 자체가 인문학의 문제라고 보고, 인간의 삶과 사유 방식을 중심에 둔 논의를 강조한다.

통일을 정치·제도·경제의 관점에서만 바라보는 것이 아니라, 분단이 고착시킨 생활양식과 사고방식을 성찰하고 변화시키는 과정으로 접근해야 한다는 것이다. 인문학은 현실 문제를 외면하거나 회피하는 것이 아니라, 현재적 문제를 적극적으로 사유하고 성찰하자는 접근이다.

인문학의 대상으로서 통일 문제를 적극적으로 사유하며, 통일에 대한 철학적 사유 방식, 분단에 대한 성찰, 갈등에 대한 소통을 강조한다.

인문학적 차원에서 분단 문제는 인간 문제이다. 분단 구조는 한반도에서 살아가는 사람들의 인간적 삶을 왜곡시킨다고 본다. 분단과 대립 문제도 인간의 내면적 삶과 연결해서 파악한다.

과거 남북 대립은 북방 삼각과 남방 삼각의 정치적 구도였으나, 현재의 대립은 한반도 내부에 내재화된 분단 구조와 두 국가 체제 내부의 동력에 의해 발생한다고 본다.

이러한 논의는 "왜 한반도에서는 끊임없이 냉전과 탈냉전의 논의가 반복되는가"라는 성찰에서 통일문제의 출발점을 찾는다.

남북이 대립하고 갈등하는 이유는 자기동일성에 대한 욕망에서 비롯된다고 해석한다. 자기동일성이란 '자기 의지대로 되기를 바라는 욕망'이다. 심리학적으로 동일성 욕망(Eros)과 파괴 충동(Thanatos)은 사랑이라는 공통성을 갖는다.

관계가 있는 대상에 대해서는 더욱 자기 뜻대로 되기를 바라는 욕구가 생긴다. 이 욕구가 충족되지 않으면 파괴적 힘과 적대적 의식으로 전환된다. 남북은 서로가 자신의 의지대로 행동하기를 바라고, 이 욕구의 근원은 관심과 사랑이다.

통합에 대한 시각에서도 긍정적 방향을 필요로 한다. 분단 구조의 부정적 통합은 또 다른 비극의 출발점이 될 수 있기 때문이다. 통합은 한반도 내외의 민족 전체에 대한 긍정적 통합이어야 한다.

인문학은 통일문제를 다음 세 가지 차원에서 접근한다.

첫째, 통일은 인간이 중심이 되어야 한다. 사회과학이 강조하는 제도적·기술적 통합에서 제기되는 문제를 해결하기 위해 인문학적 사유방식이 필요하다.

둘째, 분단과 통일 문제를 몸과 마음을 가진 인간의 문제로 보고, 심리적 층위를 중심에 둔다. 분단 체제가 인간의 몸과 마음에 미친 영향을 성찰함으로써 왜곡된 삶을 바로잡는 과정을 통일의 과정으로 본다.

셋째, 분단의식이 축적된 내면을 극복하는 데 주목한다. 갈등의 근본, 대립의 출발점, 분단 체제가 야기한 문제, 사회적 갈등, 통일 과정에서의 소통 방식 등을 사유함으로써 분단 갈등을 극복하고자 한다.

낙인과 혐오를 넘어

분단 트라우마가 제시하는 통일의 의미 중 하나는, 분단 과정에서 누적되고 만성화된 상처를 치유하는 데 있다. 통일은 정치, 경제, 민족적 차원의 문제도 있지만, 동시에 우리 사회 깊숙이 내면화된 "분단의 심리적 후유증"을 해소하는 차원도 있다.

이 지점에서 "분단 체제에서 기인하는 상호 적대적 트라우마는 남북의 적대적 공생 구조를 강화시키는, 집단적 욕망의 좌절과 긴밀한 연관을 맺고 있다"는 말은 주목할 만하다.

남북이 서로를 향한 적대적 인식을 더욱 강하게 구축하는 것은, 역설적으로 서로에 대한 '동질성에의 열망' 때문이다. 남과 북은 지리적으로 먼 타국이 아니라 같은 민족이라는 강한 자기 인식 속에서 상대를 자신과 동일한 존재로 만들고자 하는 욕망을 품어왔다.

통일을 지향하면서 자연스럽게 상대를 동질화하려는 열망이 작동하였다. 상대를 동질화하려는 열망이 좌절되었을 때때, 좌절감의 크기만큼 적대감 또한 비대해지고 증폭된다.

김종곤 교수는 "동질성을 향한 동경이 강할수록 이를 훼손하는 상대의 체제와 이념은 더 용인되기 어려웠다고 주장한다. 그렇기 때문에 좌우 이념이 공존 불가능하다는 '극우의 정서', 상대를 악마로 보고 궤멸시켜야 한다는 '근본주의적 정서' 등 진영모순의 극대화가 한반도에서 유독 두드러지게 나타났"다. 이것이 "여전히 한반도 냉전 문화가 강고하게 유지되는 배경"이다.

적대성에 주목하는 이유는 "적대적 정서—즉, 어느 한쪽의 가치가 절대적 기준이 되어 다른 한쪽을 도저히 이해될 수도, 용납될 수도 없는 혐오의 대상으로 여기는 정서—가 남북 사회에서 무의식화 된 결과, 진실과 거리가 먼 가공된 사실, 인식의 왜곡이 남북 사회에 쉽사리 먹혀들며, 북한 문제가 불거지면 정서적 불편함과 억압감, 혐오감 등을 느끼는 심리적 경험이 일상화되었"기 때문이다.

적대적 정서는 결국 우리의 일상 속에서 타자에 대한 폭력적 시선, 알 수 없는 분노와 공격성으로 나타난다. 근원적 문제를 차분히 살피기보다, 상대의 말 한마디, 행동 하나에 과도하게 반응하며 '나와 다른 것'을 '틀린 것'으로 간주하는 태도가 자동화된 것이다. 돌아보면 오늘의 한국 사회에서 이러한 폭력적 시선의 사례를 찾는 것은 전혀 어렵지 않다.

낙인과 혐오의 일상화

한편에서 다른 쪽을 '빨갱이', '친북좌파'로 낙인찍고, 다른 쪽은 '꼴통보수', '수구세력'으로 맞서 규정한다. 문제를 대화로 풀고자 하거나 중립을 지키려는 입장은 '회색분자', '대화파'로 비난을 받는다.

심지어 "저런 것들은 다 죽어야 돼", "왜 안 죽여버리나"와 같은 극단적 언사가 쉽게 들린다. 한 발 물러서서 들어보면, 얼마나 살벌하고 폭력적인 표현인가. 이런 사회에서 숙의(熟議)를 말하는 것이 얼마나 허망한 일인가.

물론 모든 폭력적 현상을 분단만으로 설명할 수는 없다. 그러나 타자를 바라보는 시선이 이미 적대감으로 습관화된 사회적 무의식에서는, 폭력이 타자와의 관계 맺기 방식으로 자연스레 자리 잡는다. 남남갈등의 중심에는 언제나 이념 논쟁이 있었고, 이념 논쟁은 폭력적 인식을 일상으로 끌어들였다. 우리는 폭력의 크고 작은 형태에 너무 익숙해져 무감각해졌다.

그렇기에 분단은 단순한 정치적 구조가 아니라 "사회적 폭력의 '심층적 원인', '구조적 원인'"으로 분단을 이야기하는 것이다. 생활 속에 발생하는 폭력에 대해 무감각해졌기 때문이다. 직접 드러나는 것도 있고, 드러나지 않은 것도 있지만 이런 사회적 폭력의 근원에는 분단이라는 문제가 자리 잡고 있다는 것이 분단 트라우마의 핵심이다.

통일의 의미는 단순히 둘로 나뉜 국토를 하나로 잇는 데 있지 않다. 통일은 분단이 만들어 낸 협소한 사고방식, 타자를 향한 자동적 적대감, 타인을 '적'으로 환원하는 감정의 구조를 치유하는 과정이다. 치유란 문제 현상만을 고치는 것이 아니라, 그 현상을 만들어낸 구조적 원인을 드러내고 그것을 바꾸는 방향을 모색하는 일이다.

치유는 문제 현상에 집중하는 것과 함께 문제를 만드는 구조적 문제를 드러내고 치유의 방향을 찾아야 한다. 우리 사회 내부의 왜곡된 정서와 인식 구조를 회복하여야 한다. 과거는 미래를 위한 지표이다. 과거를 발판으로 건강한 미래를 디자인해야 한다.

거세된 웃음

꽤(?) 오래전 이야기이다. 스마트폰이 나오고 애플리케이션이 주목을 받았을 때였다. 북한 주민의 생활을 담은 스마트폰 애플리케이션 포토피디아 북한 편이 화제가 된 적이 있었다.

포토피디아는 세계 각국의 생활사진을 공유하는 플랫폼인데, '북한' 편에는 프랑스 여행사진작가 에릭 라프로그가 2008년부터 네 차례 북한을 방문하며 촬영한 1,300장이 넘는 사진이 실려 있었다. 쉽게 갈 수 없는 낯선 땅의 일상 사진이라는 점 때문인지, 앱이 출시되자마자 다운로드 1위를 기록했다. 영어를 포함한 7개 언어로 제작되어 있어 스마트폰만 있으면 누구든지 북한 주민 1,000여 장의 일상 사진을 무료로 볼 수 있었다.

포토피디아 '북한' 편에 수록된 사진들은 북한 주민의 일상생활을 담은 사진들이다.

피자가게 앞에서 피자를 들고 있는 요리사, 전자오락실 앞에 옹기종기 모여 앉아 텔레비전 모니터를 지켜보고 있는 아이들, 만경대 유희장에서 롤러코스터를 타고 있는 여자 군인, 연인으로 보이는 남녀가 양산을 사이에 두고 다정하게 앉아 있는 뒷모습, 핸드폰으로 벽화사진을 찍고 있는 남자, 영어로 '이탈리아'라고 쓰여진 운동복을 쓰고 있는 아이, 맥도날드가 쓰여진 셔츠를 입고 있는 아이, 나이키 상표가 붙어 있는 모자를 쓰고 웃고 있는 남자, 가족 나들이 나온 사진 등이다. 북한 주민의 평범한 일상이 담겨 있었다.

카메라의 초점은 주로 여성과 어린이에 자주 맞춰져 있다. 놀이공원에서 즐거워하는 아이들, 가족 나들이 하는 모습, 남녀의 데이트 장면도 있고, 아리랑 공연 장면, 종교시설도 있다. 사진에는 위치정보가 포함돼 있어 위성지도와 함께 볼 수 있다는 점도 흥미를 더했다.

이 사진들은 한국에서 화보집으로 출판될 예정이었다. 사진작가 에릭 라프로그는 한국에서 화보집을 출판하려고 하였다. 하지만 한국에서 작업은 마땅하지 않았다.

출판을 준비하던 중에 출판사 편집자와 의견이 달랐다. 편집자는 "웃고 있는 북한 주민의 사진은 삭제해야 한다"고 요청했다.

서로의 입장 차이를 좁히지 못했다. 화보집 출판은 포기해야 했다.

제가 찍은 사진으로 화보를 내려고 생각했어요. 한국의 편집자와 함께 작업을 하려고 했는데, 미소 짓는 북한 사람들의 사진은 삭제하려고 하더군요. 북한 체제가 긍정적으로 비춰지는 것을 우려했던 것 같은데요. 그들은 로봇이 아닙니다. 그냥 인간이죠. 제가 북한에서 느꼈던 감정을 여과 없이 보여주고 싶었습니다.

한국에서 화보집을 내지 못한 사연이다. "미소짓는 북한 사람들을 삭제하려고" 했다는 말이 안타깝다.

북한 주민들을 희노애락을 가진 인간으로 보지 못하고, 미소 짓는 북한 사람의 사진을 삭제하려고 했던 마음은 무엇일까?

북한 주민들이 웃는 모습은 진짜가 아닌 연출된 모습이라고 생각했기 때문일까?

아니면 웃는 모습이 담긴 화보집을 출판하면 무엇인가 불이익이 생길 것이라고 생각했기 때문이었을까?

아니면 웃고 있는 모습이 불편스러웠기 때문일까?

어떤 이유이든, 일상 속 깊은 곳까지 스며든 분단의 정서가 작동하고 있다는 사실은 부정할 수 없다.

일상 속에서 장기간에 걸쳐 내면화되었고, 정서적이고 이데올로기적인 수준으로 작동되고 있는 적대감이 일상에서 끈질긴 생명력으로 작동하고 있다.

적대감은 정서·이데올로기·사유구조에까지 침투해 있다. 적대감은 정상적인 판단을 방해하며, 객관적 사실도 감정의 필터를 통과해 왜곡된 방식으로 받아들이게 만든다. 객관적인 사실을 사실로 받아들이지 못하고, 적대의 감정과 감성으로 바라보는 것을 당연하게 만든다.

일상의 적대감으로 바라보고 있음을 외국인을 통해 확인하게 되었다는 것이 새삼스럽다.

우리는 세계와 수시로 연결되어 있다. 인터넷으로 세계와 소통하고 만나는 상황에서도 유독 북한에 대해서만 남북의 테두리 안에서 생각한다. 북한이 세계와 연결되는 것이 마땅치 않고, 세계인들에게 '웃음 짓는 모습'으로 비치는 것도 불편하다.

북한은 우리를 통해 세계와 소통해야 하고, 세계인들도 우리와 같은 시각으로만 북한을 바라보아야 마음이 편하다.북한이 세계와 소통하려 해도 '우리의 방식'으로 보기를 원한다. 우리가 북한을 설명해야 하고, 북한은 우리가 설명한 방식대로만 존재해야 한다. 북한을 한 편에 몰아놓고 구경하기를 즐겨한다. 그래야 마음 한편의 불안함이 가시는 모양이다.

그래서일까 인간으로, 일상으로 바라보는 시선을 오히려 낯설어한다.

북한을 방문했을 때 북측 안내원이 했던 말이 떠오른다.

"왜 남쪽 사람들은 남북이 똑같다고 하면 그렇게 신기해합니까?"

아마도 우리는 오랫동안 남북의 '차이'만 배워왔기 때문이다. 통일 교육 어디를 보아도 공통점을 강조하는 경우는 거의 없다. 서로 다르다는 사실만 주입되다 보니, 오히려 같다는 것이 이상하게 느껴지는 것이다.

라프로그가 말한

"그들은 로봇이 아닙니다. 그냥 인간이죠."라는 라프로그의 말에서 답답함이 느껴진다.

북한 사람이 웃으면 안 되는 이유는 무엇일까?

북한 사람이 웃고 있으면 불편해지는 것은 무엇 때문일까?

진정한 행복의 가치를 모르고 속고 있기 때문이라고 생각해서일까?

아니면 우리보다 못사는 북한이 행복해야 할 이유를 모르기 때문일까?

우리는 어떤 생각으로 북한을 바라보고 있는 것일까?

북한을 바라보는 시선에 대한 문제는 통일 과정과 통일 이후 사회통합을 이루는 중요한 문제이다.

무엇보다 통합은 상호적 문제이기 때문이다. 통일 미래의 사회가 남북한 주민이 함께 살아가야 하는 것이라고 한다면, 통합은 일방향이 아닌 상호적 과정이어야 마땅하다.

어떤 방식으로 통일이 이루어지든, 통일은 남북한 주민 모두에게 완전히 새로운 사회환경으로의 진입이다. 새로운 환경의 전환 속에서 발생한 문화적 갈등의 원인은 편견이나 불평등의 시선으로부터 연유될 것이다.

통일은 남북 모두에게 새로운 삶으로 나아가는 길이다. 통일한국에서는 남북 주민 모두가 중심이자 주체가 되어야 한다. 북한 주민은 '적응시키거나 끌어올려야 할 대상'이 아니라, 새로운 사회 속에서 자신만의 창조적인 삶을 펼칠 주체로 자리매김해야 한다.

이를 위해 가장 중요한 것은 우리의 '내면의 시선'을 바로잡는 일이다. 성찰 없는 통일은 결국 암울한 미래를 불러올 것이다.

타자의 타자성

인문학의 관점은 단순하다. 인문학은 '타자의 타자성'을 인정하는 데서 출발한다. 여기서 타자(他者)는 '나'(自)가 아닌 존재이며, 성(性)은 타자가 태어날 때부터 지닌 본성·특성·정체성을 의미한다. 인문학은 이러한 타자의 고유한 성질이 존재한다는 사실을 인정한다. 다시 말해, 타자는 나와 다르며, 그 다름은 본래적이라는 사실을 전제로 한다.

학에게 왜 목이 기냐고 묻지 않고, 오리에게 왜 다리가 짧은지 묻지 않는다. 피부가 다르다고 차별하지 않고, 출신 지역으로 본질을 판단하지 않는다.

본래 그렇게 태어났기에 이해하려 한다. 그래서 인문학은 나를 중심에 두고 타자를 주변화하지 않는다. 오히려 타자에게 다가가 그 이유를 살피고 이해한다. 별이 하늘에 있다고 땅으로 끌어내리지 않고, 하늘의 별을 바라보며 이해하려는 것이다.

철학이 '학문에 대한 사랑'이 된 이유도 이 때문이다. 철학은 나의 기준만으로 대상을 결정하거나 배척하지 않고, 인정하고 다가가 관찰한다. 모든 지적 활동을 사랑하는 것이므로 대상의 구분이 없었고, 관찰과 사유가 중심이었다.

철학이 다양한 학문으로 분화한 이유는 타자의 타자성 때문이다. 모든 타자(사물·현상)를 한 가지 방식으로 연구할 수 없었기 때문이다. 물질은 인문학적 접근만으로는 본성을 밝히기 어렵고, 사회현상은 예술과는 다른 방식이 필요하다. 그 본성을 탐구하는 것이 타자성을 인정하는 것이다. 통일문제에서도 인문학은 북한이라는 타자성을 인정하는 데서 출발한다.

타자성을 인정한다는 것이, 곧 북한 체제의 내적 정당성을 인정한다는 뜻은 아니다. 타자의 고유한 본질적 특성이 있다는 사실을 전제로 해야 본질을 파악할 수 있다는 존재론적 출발이다. 이것은 북한식 사고를 모두 수용해야 한다는 당위론과는 분명히 다르다. 타자성을 인정하지 않으면 대상의 본질적 특성을 무시하게 되고, 그 특성을 제대로 드러낼 수 없다. 따라서 통일 논의에서도 특성을 먼저 파악하고, 남북의 공통성과 차이를 바탕으로 접근해야 한다.

공통성과 차이점은 동질성과 이질성과는 다르다. 동질성 회복은 질적으로 다름을 전제로 하며, 이를 억지로 같게 만드는 과정에서 차이를 무시하거나 열등하게 보이게 만들 수 있다. 인문학적 접근은 남북의 공통성과 차이를 파악하고, 공통성을 바탕으로 공통의 영역을 넓혀가자는 것이다.

고통의 감수성

인문학이 통일문제에 접근하는 또 다른 식각은 '인본주의에 입각한 고통의 감수성'을 갖는 것이다. 인문학의 중심에는 언제나 '인간'이 있다. 인문학은 인간의 본질적 존재와 삶의 조건을 탐구하며, 인간이 겪는 고통을 성찰하고 치유의 가능성을 모색한다.

한반도의 분단은 민족적 차원에서 수많은 직접적·간접적 고통과 연결되어 있다. 통일은 분단으로 인한 상처와 고통을 해소하는 문제와 연관되어야 한다.

'고통의 감수성'은 타인의 고통을 인지하고 공감하는 능력을 말한다. 즉, 타인의 아픔을 자신의 일처럼 받아들이고 함께 느낄 수 있는 정서적 역량이다.

상담교사로 일하는 지인이 들려준 이야기가 있다. 어느 날 학교에서 폭행 사건이 발생해 가해 학생을 상담하게 되었다. "왜 때렸니?"라는 질문에 학생은 "기분 나쁘게 쳐다봤어요"라고 답했다. 교사가 "네가 그 학생이라면 얼마나 억울하겠니?"라고 다시 묻자, 그는 이렇게 대답했다.

"아니, 제가 그 아이가 아닌데, 어떻게 그 애 생각을 할 수 있어요. …."

물론 타자가 완전히 '내'가 될 수는 없다. 그러나 타인의 입장에서 생각해 보려는 시도 자체가 중요한데, 그조차 하지 못하는 것은 능력의 부족 때문일 수 있다. 타인의 고통에 공감하기 위해서는 애정 어린 시선, 섬세한 관찰, 감정의 개방성이 필요하다. 표피적 관찰이나 냉소적 태도로는 타인의 아픔에 진정성 있게 다가갈 수 없다. 이런 점에서 고통의 감수성은 이해와 배려의 산물이다.

공동체 사회에서는 희로애락을 함께하며 자연스럽게 타인의 고통을 배우게 된다. 그러나 현대 사회는 경쟁을 너무 빨리, 너무 깊이 학습하게 만들었다. 그 결과 타인의 고통이나 기쁨을 의례적으로 받아들이고, 타인의 삶을 이해하는 능력은 점점 약해지고 있다. 타인의 삶을 이해하지 못하면 타인의 고통에도 공감할 수 없다.

인간에게 가장 큰 고통은 소외다. 존재가 무시되고 인정받지 못할 때, 인간은 깊은 무력감과 절망을 느낀다. 인간은 누구나 자신의 존재를 인정받고 싶어하며, 이 인정은 공동체 속 상호 공감의 관계에서 가능하다.

여기에서 인문력(人文力)이 중요해진다. 인문력은 인문학적 소양과 사유 능력을 통해 길러진다. 인문학이 단지 학문의 분야가 아니라 '사유의 능력'이 되는 이유는, 인문적 사고가 모든 분과를 넘어 사물과 현상을 인지하고 분석할 수 있는 보편적 힘이기 때문이다.

인문학의 핵심은 '타자의 타자성'—즉, 나와 다른 존재의 본질적 존재성을 인정하는 데 있다. 인문력은 타자의 존재를 인식하고, 타자의 자리에서 사유할 수 있는 능력이다. 시력·청력·판단력·분석력 위에 인문력을 더한다면, 인간은 타자를 이해하는 능력을 통해 더 성숙한 관계와 공동체를 만들어 갈 수 있다.

'시력', '청력', '판단력', '분석력'과 같은 인간의 능력을 설명하는 어휘에 '인문력(人文力)'을 더하고자 한다. 인문력은 인문학적 사유를 가능하게 하는 능력, 즉 타자의 존재를 인식하고 타자의 자리에서 생각할 수 있는 역량을 의미한다. 인문학이 학문적 탐구에 머무를 수 있다면, 인문력은 그 사유를 일상과 관계로 확장하여 학문을 넘어 인간 이해의 능력으로 작동한다.

분단 트라우마

분단 트라우마는 남북이 적대적 공생 구조 속에서 살아가며 경험하는 집단적·사회적 외상을 의미한다. 이는 단순히 개인의 사건 경험에서 비롯되는 것이 아니라, 남북이 지속적으로 유지해 온 분단 체제 자체가 만들어 내는 구조적 트라우마이다. 식민과 분단을 함께 겪은 대한민국 역시 이러한 집단적 트라우마의 영향을 받지 않을 수 없다.

우리 사회에서 분단은 그 자체가 하나의 '트라우마'다. 남북은 분단 이후 전쟁과 분단 체제가 강화되면서 국가 폭력이 일상화되고, 때로는 합리화되었다. 남북은 상호 적대성을 기반으로 체제 정당성을 강조해 왔고, 국가 폭력의 구조는 오랜 기간 지속되었다. 분단 체제 하에서 남북은 국가권력에 의해 만성적이고 반복적인 외상을 겪어 왔다.

이러한 폭력은 폭력으로 규정되지 않고 법과 질서의 이름으로 정당화되면서, 상대에 대한 적대와 공포로 변형되었다. 남한은 민주화와 시민사회 발전을 통해 소통의 장을 넓혀가고 있지만, 북한의 경우 상호 적대성에 기반한 국가 폭력이 여전히 중심적으로 작동하고 있다.

이러한 외상은 지배 체제에 순응하는 과정에서, 피해자들이 오히려 가해자에게 심리적으로 종속되는 현상과도 유사한 특징을 보인다. 인문학은 분단으로 인해 우리의 삶이 고통받고 있다는 사실을 인식하고, 이를 치유해 나가는 과정을 통일 논의의 중요한 부분으로 본다.

이러한 외상은 지배 체제에 순응하는 과정은 피해자들 속에서 나타나는 가해자에 대한 심리적 종속과 유사한 특징을 보인다.

인문학은 분단으로 인해 우리의 삶이 고통받고 있다는 것을 인식하고 치유를 통해 풀어나가야 한다고 말한다.

다만, 분단을 '트라우마'로 규정할 수 있는지에 대해서는 논쟁이 존재한다. 트라우마는 구체적 사건을 통해 발생한다는 관점에서는 분단 그 자체보다는 이산가족, 전쟁, 사망, 강제 이주 등 개별적 사건만이 트라우마의 원인이 될 수 있다고 본다. 이런 시각에서 볼 때, 분단은 단지 트라우마가 발생할 수 있는 조건일 뿐이라는 의견도 있다.

개인적 차원에서의 트라우마가 구체적 사건에서 발생하는 것이 사실이라 하더라도, 분단은 한반도 안에 사는 누구도 비켜갈 수 없는 집단적·구조적 차원의 트라우마를 발생시킨다는 것이다. 또한 분단 체제는 시대·세대·역사적 경험에 따라 다양한 형태의 하위 트라우마를 만들어낸다.

분단 트라우마는 국가폭력 트라우마, 디아스포라 트라우마 등 여러 하위 형태의 근원적 배경이 되기도 한다.

국가폭력 트라우마는 남북의 적대적 체제에서 발생하는 억압·공포·침묵 강요의 구조를 통해 집단적 외상으로 자리 잡았다.

디아스포라 트라우마는 식민과 전쟁, 강제 이산을 겪은 한민족의 역사 속에서 형성되었으며, 해외에서 소수자로 살아가며 겪는 차별과 고립의 경험이 축적된 결과다.

통일 논의에서 분단 트라우마에 주목하는 것은 기존의 통일 담론과 다른 중요한 전환을 의미한다.

통일 문제를 연구하면서 트라우마에 주목하는 것은 기존 통일론과는 다른 접근이다. 전통적으로 통일은 역사적 숙명, 국가 발전, 경제 성장 등의 논리를 중심으로 설명되어 왔다. 이명박 정부가 제시한 '민족공동체·경제공동체·평화공동체' 역시 그 연장선에 있다.

그러나 분단 트라우마 관점에서는 통일이 분단 체제가 남긴 상처를 치유하는 과정과 연결되어야 한다고 본다. 통일은 단순한 체제 결합이 아니라 분단이 만든 외상을 해소하는 문제와 맞닿아 있다.

'객관적'일 수 있는가?

'정체성'이라는 단어가 떠오른 것은 문뜩 예전에는 늘 들었던 말이었고, 인생 모든 고민의 출발이었던 단어였지만 어느 순간엔가 사라진 말처럼 느껴졌기 때문이었다.

'너는 누구니?', '너는 뭐하는 사람이니?'라는 고민을 했던 것은 어려서부터 들었던 '너는 커서 뭐가 되고 싶니'라는 물음에 막혀있던 사고의 실타래를 스스로 풀어보고자 했던 고민이었을 것이다.

무엇을 하든 이제는 다른 선택의 여지가 무척이나 좁아진 지금. '정체성'은 새삼스러운 질문으로 마주하게 된다.

지금 나는 어디에 있고? 무엇을 해야 하는가? 그 일을 해야 하는 이유는 무엇인가? 인류 역사가 생겨난 이래로 계속된 고민일 것이다.

사회인들 크게 다를까. 국가라고 해서 달라질까. 우리 사회는 어디에 있고, 무엇을 해야 하는 것인가? 그리고 도대체 왜 우리는 이렇게 살고 있는 것인가?

확실한 답은 없다. 이리저리 살다 보니 할 일이 정해졌고, 그 일을 내려놓지 못하고 여전히 안고 있을 뿐이다. 관습 때문일까? 아니면 정해진 길에서 벗어날 용기가 없는 것일까? 우리는 스스로 통제할 수 있는 것일까? 우리 사회는 스스로 통제할 수 있는 것일까?

'인코그니토(incognito)'는 '드러나지 않는' 또는 '신분을 숨긴'이라는 뜻이다. 내가 판단하고 행동했지만, 정작 스스로도 나를 이해하지 못할 때, 나의 무의식을 지배하는 또 다른 나의 존재를 상징한다.

보이지 않는 나의 존재가 내 행동을 통제하는 것은 뇌가 생각보다 똑똑하지 않기 때문이다. 뇌는 현재의 정보만으로 판단하는 것이 아니다. 과거의 축적된 경험을 토대로 앞으로 있을 것을 시뮬레이션하며 자동적인 시스템으로 판단한다.

자전거 타기가 익숙해지면 주변을 의식하지 않고도 달릴 수 있는 것처럼, 축적된 경험이 상황을 조절하고 판단하기 때문이다. 움직이지 않는 무빙워크를 걷다 보면 진짜 무빙워크가 움직이는 것처럼 느끼는 것도 같은 원리다.

뇌는 생각보다 스마트하지 않다. 합리적인 이성으로 판단하는 것과 함께 감성으로도 판단한다. 심리학자들은 인간이 오류를 범하는 가장 큰 이유를 '인간이 생각만큼 합리적이지 않기 때문'이라고 설명한다. 사람들은 자신을 과대평가하는 비현실적 낙관주의자들이다.

나는 다른 사람 평균보다 똑똑하다, 나는 다른 사람보다 운전을 잘한다… 특히 지식인들은 본인이 평균보다 똑똑하다고 생각하는 사람이 94%에 이른다. 같은 일을 하는 다른 사람의 성공 확률은 50%라고 보면서도 자신의 성공 확률은 90%라고 생각한다.

이러한 낙관주의 때문인지, 자신의 가치를 높게 평가하면서 잃지 않으려 한다.

"이 수술을 받은 환자의 90%는 5년 후 생존했습니다."라는 말과 "이 수술을 받은 환자 100명 중 10명은 5년 이내 사망했습니다."라는 말 중 무엇을 택하겠는가.

같은 결과를 말하지만, 말하는 방식에 따라 전혀 다르게 느껴진다. 이런 감정적 선택이 합리적 판단을 흐린다.

정서적 문제가 개입되면, 이성적 판단은 자기만의 방식으로 세상을 해석한다. 그리고 자신이 경험하고 해석한 것이 '진짜 현실'이라고 믿는다. 다른 사람이 볼 때 아니라고 하여도 자신이 진짜라고 믿으면, 그 진짜인 이유를 스스로 찾아낸다. 그리고 이를 합리화한다.

인간은 자신에게 관대하고, 자신이 남들보다 우월하다고 생각한다.

오늘 우리 사회가 그렇다.

생각의 날개, 이청준, <잔인한 도시>

도시의 서북쪽으로 난 작은 길은 교도소로 이어져 있다. 초가을 햇살이 끊어질 무렵, 한 사내가 그 길을 따라 교도소에서 도시로 들어왔다. 한참 전에 유행했던 낡은 야전잠바와 낡은 당꼬바지, 허옇게 센 머리털은 지치고 무기력한 사내의 이력을 드러내기에 충분했다. 느릿한 걸음을 옮기던 사내는 길목을 빠져나와 공원 숲 입구에서 멈춰 섰다.

'새들은 하늘과 숲이 그립습니다.'

공원 입구 오른쪽에는 작은 가겟집이 비켜 앉아 있었고, 그 부근 벚나무 가지에는 크고 작은 새장이 매달려 있었다. 새를 사서 푸른 하늘로 날려 보내는, 이른바 '방생의 집'이었다. 사내의 발걸음은 그 가게 앞에서 멈췄고, 그는 깊은 반가움과 안도감을 느낀 듯 고개를 두어 번 끄덕였다. 감옥 안에서 얼마나 간절하게 자유의 날개를 사서 날려 보내고 싶어 했던가.

가게 주인은 능숙하게 손님과 거래를 하고 있었다.

"선생님께선 이 녀석에게 하늘과 숲을 마음껏 누빌 날개를 주신 겁니다. 그건 바로 자유지요. 그리고 선생님께서 이 녀석의 자유를 사신 것은 곧 선생님의 자유를 사신 것입니다…."

거래를 마친 손님은 새장 문을 활짝 열었다. 새는 처음엔 어리둥절한 몸짓을 하더니 목을 몇 번 갸웃거리고 나서야 사정을 깨닫고, 가벼운 날갯소리를 남기며 새장을 떠났다. 저녁놀로 물들기 시작한 서쪽 하늘을 한 번 드높이 날아오른 뒤, 작은 점이 되어 공원 숲으로 사라졌다. 사내는 넋이 나간 듯 그 공원 쪽 하늘만 바라보고 있었다. 손님이 떠나고 나서도 사내는 한동안 그 자리를 떠나지 못했다.

이청준의 소설 〈잔인한 도시〉는 교도소에 반평생을 보내고 나온 사내가 공원 입구 '방생의 집'에서 새들을 방생하는 광경을 지켜보는 것으로 시작한다. 찾아오지도 않을 아들과 길이 어긋날까 싶어 공원에서 머물기로 한 노인의 일과는 공원 바닥 여기저기를 누비며 길바닥, 벤치 주변, 어린이 놀이터 모래판에 떨어진 담배 공초와 동전을 줍는 것이 전부였다.

노인의 유일한 낙은 그렇게 모은 동전으로 '날개'를 사서 날려 보내는 일이었다. 옛날에는 날개 값이 무척 비쌌다. 날개 한 번

사려면 감옥에서 반년을 일해 모은 돈을 모두 털어야 했지만, 감옥을 나온 사람이라면 누구나 가게에 들러 새를 샀다. 뼛골 빠지는 노역으로 모은 돈을 써도 후회하거나 아쉬워하는 이는 없었다. 감옥 안 사람들에게 '날개를 산다'는 것은 곧 '감옥을 나간다'는 뜻이었고, 날개를 날려 보내는 것은 감옥에서 벗어났음을 확인하는 일종의 숭고한 의식이었다.

반나절 공원을 헤매며 모은 동전으로 날개를 산 사내는 다음 날 아침에도 동전을 모아 다시 가게를 찾는다. 이번에는 돈이 많이 모자랐다. 하지만 주인은 새장을 건네준다. 젊은 주인이 "어제도 새를 한 마리 사서 날려 보낸 것 아니냐."고 묻자, 사내는 이렇게 대답한다.

"오늘 사 준 건 내 몫이 아니라오. 오늘은 친구의 새를 한 마리 사 준 것이오."

감옥을 나온 사내는 감옥 안에 있는 오랜 친구들을 위해 또 날개를 산 것이다. 그러다 어느 날, 노인은 가게 앞에서 벌어진 실랑이에 끼어들게 된다. 시비의 사연은 이랬다. 새를 산 손님이 굳이 집으로 가져가 아이들과 함께 날려 보내겠다는 것이었다.

하지만 젊은 주인은 "이곳은 새를 방생하는 곳이지, 새를 파는 곳이 아니다"라며 집으로 가져갈 수 없다고 버틴다. 시비는 손님에게 돈을 돌려주며 싱겁게 끝났다.

주인 편을 들던 사내는 모처럼 제값을 치르고 새를 사서 날려 보낸다. 들뜬 기분에 가볍게 던진 한마디가 그의 실수가 되었다.

"그런데 젊은이, 대체 이 많은 새들을 어디서 구해들이는 겐가?"

그날 저녁, 공원 벤치에서 새우잠을 자고 있던 사내는 새벽 무렵 숲속의 인기척에 잠을 깬다. 손전등 불빛이 어두운 숲 속을 이리저리 훑고 있었다. 빛줄기가 나뭇가지에서 멈출 때마다 어떤 사내가 나무 위로 올라가 잠든 새들을 조용히 집어내고 있었다. 그림자는 밤새 잠든 새들을 사냥하고 있었다.

불면의 밤은 계속되었고, 숲속 새들이 낙엽처럼 빛을 맞고 떨어지는 악몽은 오래도록 이어졌다. 왜 그 멍청한 새들이 공원 숲을 떠나지 못하고 다시 붙잡혀 새장으로 돌아가는지 사내는 알지 못했다.

그러던 어느 날 새벽, 불빛이 사라질 무렵, 담배 공초를 입에 문 채 성냥불을 긋던 사내의 품으로 작은 새 한 마리가 날아들었다. 빛을 피해 다시 불빛을 찾아온 작은 새였다. 사내는 새를 꾸짖듯 핀잔했지만, 이내 애처로운 듯 품에 꼭 안았다.

모든 불빛이 같은 불빛은 아니었다. 강한 라이트의 불빛은 새를 꼼짝 못하게 만들어 새장으로 끌고 가는 빛이었다면, 성냥불은 미약하지만 온기를 지닌 희망의 불빛이었다.

사내의 손바닥과 가슴을 파고드는 새를 보며 따뜻한 가족애를 느낀 사내는 다음 날도 동전을 들고 가게를 찾는다. 높이 날려 보내려던 새를 눈앞으로 끌어당겨 날개를 살펴본 사내는 깜짝 놀란다. 작은 가위 같은 날카로운 도구로 양쪽 날개 안쪽의 깃털을 잘라낸 자국이 선명했다.

공원을 떠나는 사내의 품 속에서는, 날개 밑이 잘려진 작은 새 한 마리가 파닥이고 있었다.

생각에 날개가 있다고 해도, 우리가 날 수 있는 하늘은 얼마나 될까?

날갯죽지의 안쪽을 자른 건 누구였을까?

우리가 스스로 잘라낸 것은 아니었을까?

제3부
‘북한’을 다시 읽다

어쩌다 북한학

북한을 연구한다고 하면, 열에 아홉은 이런 질문을 한다.

"아니 어떻게 하다가 북한을 연구하게 되었나요?"

아마도, 국문학이라는 전공이 북한이라는 영역과 잘 맞지 않는다고 생각하기 때문일 것이다.

우연은 아니었던 것 같다.

군대를 다녀온 대학교 4학년 때였다. 전국에서 아주 정확하게 몇 명밖에 할 수 없는 이상한 아르바이트를 하였다. 내 아르바이트는 공공연하게 북한 영화를 보는 것이었다.

탈냉전이 시작되면서 남북은 사연 많은 대화를 시작하였다.

그리고 독일 통일을 체험하면서, 기대와 희망으로 통일을 준비했다. 중앙 부처에서 독일로 전문가들을 파견하였다. 독일 통일 과정을 연구하여, 한반도 통일을 대비하기 위한 준비였다. 물론 나는 아니었다.

남북 대화가 시작된 이래로 북한 연구가 정책 요구에 따라 시작되었다. 그리고 혹시 모른 문화통합에 대비하여, 대학생들에게 북한 영화를 보게 하면 어떻게 반응할 것인가를 조사하였다. 일종의 실험쥐였다.

난감했다. 북한 영화를 본다는데, 어떻게 반응해야 할지 마음의 준비가 안 되었다. '혹시, 재미있으면 어떻게 하지'하는 걱정도 되었다. '너무 열심히 집중하였다가 감시당하는 건 아닐까.'

다행히도 영화는 너무 지루했다. 북한 영화를 본다는 호기심은 얼마 가지 않았다. 외국 영화를 보는 듯한 낯설음과 장엄과 진지함으로 풍만하였다. '영화를 이렇게 재미없게 만들다니', '김일성은 언제 나오는 거야'. 지루함을 이기지 못하였다.

영화는 〈꽃파는 처녀〉였던 것으로 기억한다.

대사는 간결했으나 경쾌하지 않았다. 대사는 한 치의 오차도 없이, 당이 규정한 정해진 방향으로 나아갔다. 장중함으로 이어진 대사는 쉴 틈이 없었다. 교장선생님의 훈시를 점심 먹고 난 오후에 차렷 자세로 듣는 지루함이 찾아왔다.

아르바이트의 경험이 자산이 되었을까. 대학원 박사과정이었던, 1990년 중반부터 정부 차원에서 통일을 준비하기 시작하였다. 선생님의 참여로 문화체육관광부의 프로젝트에 참여하게 되었다. 문화 분야의 통합을 준비하기 위한 정책연구였다. 비공개로 진행된 통일 포럼을 준비하고, 정리하였다. 정책과제로 보고서도 작성하였다.

재미도 없는 북한 영화가 존재하는 이유가 궁금하지 않았다면 시작하지 않았을까. 대학원의 위계가 지엄했던 시절이라 감히 '싫어요'라고 말할 여지도 없었지만 북한 영화에 대한 호기심도 있었다. 그렇게 시작한 아르바이트였다.

대학원에서 연구과제를 진행했다. 연구의 대가는 기본 연구비에다 원고 매수에 따라 책정되었다. 연구는 본문과 참고 자료로 구성되었다. 북한의 문화정책, 음악, 미술, 공연예술, 문화재 등으로 자료를 모았다.

북한에서는 문화예술이 어떻게 구축되었는지, 어떻게 활용하는지를 살피기 위해서는 많은 자료가 필요했고, 많은 자료를 찾아보라는 미끼였을까. 기본 연구비에다 원고 매수에 따라 연구비를 책정하는 이상한 방식의 연구비를 지급하기로 한 것은 정책연구자의 절묘한 한 수였다.

관련 자료는 곧 현찰이었다. 북한 문화에 대한 궁금함이 아니라 돈독에 올라 북한 문헌 여기저기를 사금 채취하듯 찾아서 손가락이 부러지게 타이핑을 하였다.

원문을 입력한 다음에는 원문의 내용을 정리해서 앞에서 실었다. 합법적인 계약이었으니까. 그리고 각 분야별로 모아진 글에는 다시 분야별 문건을 해설하는 원고를 덧붙였다. 합법적인 계약이었으니까. 그리고 전체 원고 앞에 총론을 더하였다.

규정한 범위 안에서 온갖 궁리 끝에 충실하게 원고를 늘려나갔다. 그러다 보니 자연스럽게 북한 문화정책에 대한 정리가 되었다.

원문을 읽고 필요한 원문을 그대로 타이핑하는 습관은 이때부터 생긴 것 같다. 지금도 그 작업을 한다. 30년 가까이 원문 자료와 연구자료를 입력하고 있다.

북한 문건을 꼼꼼하게 읽는 것은 북한 연구의 첫 관문이었다. 행운의 시작이었을까? 고난의 행군의 시작이었을까? 아무튼 돈독에 올라 첫 관문을 통과했다.

첫 관문을 통과한 이후의 행로는 한결 수월해졌다. 문건의 처음을 읽으면 경로와 종착점이 보였다. 마치 별 움직임 없이 손가락으로 바둑판으로 돌을 얹는 것처럼 보이지만 이 자리 하나가 얼마나 계산된 자리인지를 알게 되고, 그 속에서 많은 말들이 오간다는 것을 알게 되는 것처럼.

30년의 고민은 북한 사회문화, 북한 문화예술이었다. 북한의 문건을 읽고, 신문을 보고, 시와 소설을 읽었고, 영화를 보았다.

북한 문화의 시작과 끝이 정치에 있었다. '설마'하고 읽고, '혹시'하고 보아도 그 끝은 정치였다. 북한 정치에 대한 이해와 체계가 만들어진 역사에 대한 탐구가 필요하다. 적어도 북한 정치전공자와 맞붙어 토론할 정도의 지적 체계화를 갖추어야 했다.

북한 연구는 흔히 삼난(三難)이라 한다. 자료를 구하는 일이 어렵고, 텍스트가 놓인 지형을 독해하는 것이 두 번째요. 반응을 읽어내는 것이 마지막이다.

자료를 구하는 것부터 난관이다. 서점에서 살 수도 없고, 온라인으로 주문할 수도 없다. 허가된 공공기관이나 도서관을 찾아야 한다.

자료를 읽는 일이 다음으로 맞이하는 어려움은 문화 지형을 이해하는 것이다. 정치가 기반인 사회이다. 어떤 문건을 읽어도 출발은 '김일성 선집'이며, '김정일 저작집'이다. 정치의 문제가 아니다. 경제, 문화의 어떤 분야라도 문건을 읽고, 의미를 찾아야 한다. 줄줄이 사상과 교양으로 덧칠해 있는 이른바 문건을 읽어야 한다. 표면 그대로 읽어서는 안 된다. 표면 사이사이에 박힌 이면의 의미를 찾아야 한다.

사회적 반응을 읽는 일이 세 번째이다. 북한은 사회 비평이 없다. 오로지 한 가지만 존재하는 유일(唯一)의 사회이다. 정책의 시작과 현장의 여백을 읽기 어렵고, 반응을 추출하기가 어렵다. 공유하는 상황이 없으니, 이해하기 어렵고 짐작으로 풀어내야 한다.

북한을 이해하는 가장 큰 걸림돌은 언어이다.

언어는 고도의 표현 체계로 구성되어 있다. 남북의 분단은 문화의 분단, 언어의 분단으로 이어졌다. 북한의 언어에는 남북으로 갈라진 이후 80년을 지나는 동안 분단이 스며든 결과이다.

말이 다른 것이 아니다. 말의 의미가 다른 것이다. '혁명'이라는 의미, '과학'이라는 의미, '주체'와 대비되는 언어가 '객체'가 아니라 '종속'이나 '식민'을 의미한다.

분단이 낳은 가장 큰 문제도 언어다. 언어 그 자체가 아니다. 언어에 스며든 정치의 차이가 분단의 시간 속에 각자의 삶으로 의미를 부여하였다. 남북의 '어머니'가 다르고, '동무'가 다르고, '오빠'의 의미가 달라졌다. 통역없이 소통도 점점 어려워졌다. 그렇게 남북의 언어는 표준어와 평양문화어로 갈라지고 있다.

한발 물러서면 한결 크게 보인다

: 한민복, 「돋보기」

작년부터 사전을 찾아보려면
돋보기를 먼저 찾아야 한다

아리송하거나 낯선 만남이니
도움을 청함 또한 마땅하다

돋보기 선생은 겸손하여
늘 상대를 크게 보신다

한발 물러서면 한결 크게 보인다는
투명한 말씀 둥글게 받들어 본다.

—한민복, 「돋보기」 전문

함민복 시인의 「돋보기」라는 시다. 노안이 오면 사물이 흐려진다. 작은 글씨를 찾을 때면 돋보기를 찾아야 한다.

돋보기로 보면 작은 글씨도 큰 글씨로 다가온다. 시인은 돋보기가 상대를 크게 보이게 한다고 하였다. 돋보기가 겸손하기 때문이라 하였다.

돋보기로 글씨를 보려면 작은 글씨를 찾던 시선의 거리에서 물러나야 한다. 내가 물러나거나 돋보기가 물러나야 한다. 나와 돋보기, 돋보기와 글씨 사이에 적당한 거리가 있어야 한다.

북한을 볼 때도 그렇다.

북한에 대한 정보도 없고, 시스템도 다르다. 잘 안다고 생각하지만 짐작이 대부분이다. 대한민국에서 통일 교육을 받은 사람은 1%도 안 된다. 방송이나 언론을 통해 어쩌다 전해지는 정보가 대부분이다. SNS를 통해 전해지는 잡다한 정보가 대부분이다.

그래서 북한은 잘 모른다. 보려고 하지도 않지만 잘 안 보인다. 겸손한 돋보기가 필요하다. 너무 가까이 들이대거나 너무 멀리 떨어지면 너무 크게 보이거나 잘 안 보인다. 한 발의 거리가 필요하다.

북한은 없다

'일본은 없다'는 1990년대 중반 일본 특파원으로 활동하였던 전여옥이 쓴 책의 제목이다. 여러 이유로 화제가 되었던 이 책은 한국인 기자이자 여성 기자로서 일본에서 생활하며 경험한 일을 바탕으로 일본 문화를 분석한다. 우리가 일본을 잘 안다고 생각하지만, 실제로 우리가 알고 있는 '일본'은 없다는 것이 이 책의 제목이자 핵심이다.

우리가 북한을 바라보는 시각도 크게 다르지 않다. 우리 사회가 인지하고 있는 북한에 대한 지식은 '북한은 없다'고 말해도 과하지 않을 만큼 제한적이다. 언론을 통해 간헐적으로 접하는 북한 관련 보도나 SNS를 통해 소비되는 단편적인 정보가 대부분이다. 북한을 깊이 이해해야 할 필요성도 크지 않았다. 시험에 나오지 않고, 취업에 직접적인 도움이 되지 않으니 굳이 공을 들일 이유가 없었던 것이다.

북한 문화에 대해서는 무관심을 넘어 무시에 가까웠다. 북한 문화는 아무리 이해하려 해도 '문화'라고 부르기 어렵다는 인식이 강했다. 수령송가 중심의 문학 작품이나 과도하게 정치화된 시 구절을 접할 때면 '아직도'라는 반응이 먼저 떠오른다. 특히 '고난의 행군'을 거쳐 '선군시대'로 이어진 문학예술을 마주하면 당혹감마저 느껴진다.

그러나 문화는 단순히 규정될 수 있는 개념이 아니다. 어떤 정의를 취하든 문화는 인간을 중심에 두고, 인간의 정신적 가치와 지향을 포함한다. 그렇다면 이러한 의미의 문화가 '북한'이라는 정체성과 결합될 수 있는가라는 질문이 제기된다. 북한에 문화가 존재하는가, 북한의 문화를 문화라고 부를 수 있는가라는 문제로 이어진다. 결국 '북한 문화'라는 조어를 어떻게 이해할 것인가의 문제는 '북한이 우리에게 무엇인가'라는 질문으로 귀결된다.

북한은 우리에게 어떤 존재인가. 한민족인가, 통일의 대상인가, 적대국인가, 아니면 하나의 외국인가. 그리고 우리는 북한을 어떻게 이해해야 하며, 어떤 방식으로 소통해야 하는가.

> 나는 소위 북한 사회의 상당한 고위층에 있었던 이탈 주민이다. 북한 사회에 대해 그 누구보다 종합적이고 정확하게 평가할 수 있다고 자부한다.

한국 사회에서 북한 사회에 대한 제대로 된 글이나 책을 본 적이 없다. 제대로가 아니라 목불인견(目不忍見, 차마 눈 뜨고 볼 수 없는 지경)이었다. 왜곡과 오도의 일반화는 물론, 차마 논문이라고 하기에도, 책이라고 하기에도 가당찮은 글들이 버젓이 인쇄되어 공론화되는 것이 도무지 믿어지지 않았다. 북한에 대한 총체적 무지가 남북관계와 통일문제 전체를 왜곡하고 있었다. 나중에야 알게 되었다. '하루라도 북한을 욕하지 않고서는 이 사회가 온전히 돌아가지 않겠구나'라는 것을.[1]

북한에 대한 정보의 대부분은 인터넷이나 텔레비전을 통해 습득된다. 우리 사회가 북한을 인식하는 수준은 '무지'를 넘는다. "유감스럽게도 우리 사회의 북한에 대한 '총체적 무지'는 '실재'고 '현실'이다. 남북 관계가 대립적인 관계로 전환된 이후에는 총제적 무지와 왜곡, 오도가 일반화되어 진실을 이야기하려면 돌을 맞을 각오를 해야 한다."[2]

북한에 있었다고 문화를 이해하는 것은 아니지만 북한 문제만큼 쉽게 전문가들이 만들어지고, 활용되는 경우도 많지 않다. 어느 한 분야에 대해서 논문 서너 편만 써도 그 분야의 전문가가 될 수 있다. 희소성 때문이다. 희소성을 넘어 최소한의 통일 역량

1) 김진향 기획총괄, 『개성공단 사람들』(내일을여는책, 2015), 4쪽.

2) 김진향 기획총괄, 『개성공단 사람들』(내일을여는책, 2015), 25쪽.

을 준비해야 한다.

간단한 테스트를 해보자. 다음 질문의 정답은 무엇일까?
'북한에는 공산당이 없다?'
'북한은 자신을 독재국가라고 한다?',
'북한에서는 헌법을 김일성-김정일 헌법이라고 한다?',
'북한에서도 애국가를 부른다?'

모두 맞는 말이다.

북한에는 공산당이 없다. 북한에 있는 당은 노동당이다. 조선공산당 북조선 분국과 신민당이 합당하여, 조선노동당 체제로 80년을 넘게 지내왔다. 하지만 여전히 북한은 공산당이 지배하는 것으로 알고 있다.

북한은 스스로 독재국가로 규정한다. 1972년 북한의 개정 헌법에서는 "계급로선과 군중로선을 관철"을 위해 "프로레타리아독재를 실시"한다고 명시하였다. 1992년 헌법 개정에서는 '프로레타리아독재'를 '인민민주주의독재'로 바꾸었다. 2016년 김일성-김정일 헌법에서는 "내외적대분자들의 파괴책동으로부터 인민주권과 사회주의제도를 굳건히 보위"하기 위해서 "인민민주주의독재를 강화"한다고 명시하였다.

북한은 헌법에서 '김일성-김정일 헌법'이라고 한다. 김일성 사망 이후에 헌법을 개정하면서, '김일성 헌법'이라고 표현하였다. 그리고 김정일이 사망한 2016년 개정한 '헌법' 서문은 "조선민주주의인민공화국 사회주의헌법은 위대한 김일성동지와 김정일동지의 주체적인 국가건설사상과 국가건설업적을 법화한 김일성-김정일헌법이다"로 끝을 맺는다.

북한에서도 '애국가'를 부른다. 물론 대한민국의 〈애국가〉와는 다른 애국가이다. 북한 '애국가'는 1947년에 박세영이 작곡하고, 김원균이 작곡한 북한의 국가(國歌)이다. 2024년 10월에 '애국가'에서 '조선민주주의인민공화국 국가'로 바꾸었다.

'북한'은 어떻게 소비되는가

우리 사회에서 북한은 일종의 문화적 소비재로 기능해 왔다. 손쉽게 소비할 수 있고, 값싸게 활용해도 되는 대상이었다. 북한에 대해 어떤 방식으로 이야기하더라도 문제 삼는 이는 거의 없었다. 북한은 공격하기 쉬운 대상이었고, 희화화의 대상이었다. 이러한 소비 방식은 북한에 대한 무지에서 비롯되었다.

무지는 상호 소통의 가능성을 차단하며, 효율적인 대화를 불가능하게 한다. 그 결과 북한에 대한 무지는 분단 담론을 재생산하는 구조를 강화해 왔다.

북한에 대한 인식과 정보는 감정과 도덕의 영역과 밀접하게 연결되어 형성되었다. 분단 이후 전후 세대가 북한을 처음 체험한 경로는 '반공'이었다. 초등학교마다 세워졌던 이승복 동상과 교과서를 통해 반복 학습된 "나는 공산당이 싫어요"라는 구호는 반공 이데올로기의 상징이었다. 반공 포스터, 글쓰기, 웅변대회는 북한에 대한 적대감을 표현하는 장이었다.

북한은 인간의 범주에서 배제되었다. 북한의 최고지도자와 북한군은 인간이 아닌 존재, 즉 동물로 형상화되었다. 북한의 최고지도자에게는 인간이 아닌 '동물성(animality)'을 부여하는 방식으로 타자화 하였다. 남한에서 그려진 북한 지도자와 군인은 늑대, 이리, 붉은 돼지, 뱀, 승냥이 등의 이미지로 재현되었다. 이는 북한을 비인간화하고 타자화하는 방식이었다.

> 한국의 국방부 정훈국이 제작한 포스터와 글은 김일성을 머리에 뿔이 달려있고, 몸에 털이 감싸고 있는 짐승으로 그려졌다. 구렁이나 쥐새끼, 승냥이, 털달린 짐승의 손과 해골 등의 이미지도 많았다. 전쟁 후에도 김일성과 북한군은 뱀, 늑대, 여우, 이리, 돼지의 이미지로 그려졌다.[3)]

반공을 명확한 목적으로 제작된 애니메이션 〈똘이장군〉은 이러한 북한 소비 방식을 집약적으로 보여준다.

영화나 드라마에서 적과 아군의 도덕성을 극명하게 드러내는 방법은 간단하다. 사회적 약자에 대해 어떤 태도인지를 보여 준

3) 이기환, 「삐라, 적의 마음을 겨냥한 종이폭탄」, 『경향신문』, 2016.02.16.

다. 사회적 약자, 노인이나 어린이, 부녀자들에 대해서 어떤 태도인지에 따라서 도덕적 우월이 결정된다.

좋은 사람은 사회적 약자를 배려한다. 때로는 목숨을 걸기도 한다. 군인들이 그랬다. 전우를 위해서 또는 사람들을 위해서 헌신하고, 희생적이었다. 반면 나쁜 사람들은 사회적 약자에 대해 폭력적이었다.

약자에 대한 폭력은 그 자체로서 비극인 동시에 비인간적인을 분명하게 드러낸다. 북한군들이 그렇게 그려졌다. 무자비하고, 폭력적이며, 비도적이었다. 비인간성의 극단으로 보여주는 것이 짐승으로 묘사하는 것이다.

학교 단체관람에서 본 촌스러운 〈똘이장군〉의 오프닝 시퀀스 속에 그려진 굶주리고 핍박받는 사람들에게 서서히 다가가는 섬뜩한 손목과 핏빛 제목과 공포스러운 사운드를. 마침내 똘이장군이 검은 악마 돼지수령과 늑대들을 무찔렀을 때 느꼈던 환희에 찬 감격을. 무심결에 주제곡을 따라 부르며 '북괴'를 쳐부숴야 하는 생경한 사명감에 휩싸인 자기 자신을. "똘이장군 나가신다 길을 비켜라. 똘이장군 앞서 간다. 겁낼 것 없다. 덤벼라 덤벼라 붉은 무리 악한 자들아. 무쇠 같은 주먹이 용서 못 한다. 용서 못 한다." 우리는 목적어로도 부재한 타자들을 이유 없이 미워해야만 했다. 왜냐하면 "몸과 마음을 바쳐 충성을 다할 것을 굳게" 맹세했기 때문이다.[4)]

분단 80년에 가까운 지금도 분단은 여전히 일상 깊숙이 작동하고 있다. 분단 인식을 생산하고 소비하는 구조는 현재진행형이다. 분단의 시간 동안 형성된 왜곡된 인식 생태계를 건강하고 미래지향적인 통합의 생태계로 전환하기 위해서는 북한에 대한 올바른 이해, 북한 문화에 대한 적확한 이해가 필요하다. 이러한 재인식의 과정에서 문화번역적 시각은 남북 문화 소통의 중요한 출발점이 될 수 있다.

4) 이용우(2012), 「전후 남한의 미디어 풍경과 불경스런 징후들」, 『art in culture』, 2012년 6월호.

'편견' 또는 '장벽'으로서 북한

대한민국에게 북한은 무엇인가.

북한을 연구하고 통일을 지향하는 과정에서 언제나 마주하게 되는 질문이다. 북한은 '통일을 지향하는 특수한 존재'이자 '적대적 의존 관계'이며, 동시에 '통일을 지향해야 할 파트너'로 규정되기도 한다. 그러나 어느 하나도 충분한 답이 되지는 않는다. 북한을 규정하는 공식적 언어와 비공식적 인식 사이의 간극이 크고, '북한'이라는 실체와 '통일'이라는 이상 사이의 거리 또한 너무 멀기 때문이다.

대한민국에서 북한은 존재하지만, 동시에 존재하지 않아야 했던 대상이었다.

북한은 임시적이고 과도기적인 존재로 이해되었으며, 남북 관계는 '통일을 지향하는 과정에서 생겨난 특수한 관계'로 규정되어 왔다. 이러한 인식 속에서 북한은 언젠가 사라질 대상이었고,

통일이 이루어지면 현재의 남북 관계 역시 소멸할 것으로 전제되었다. 그 결과, 현재의 북한을 깊이 이해해야 할 필요성은 상대적으로 낮게 평가되었다.

분단이 80년에 이르렀다. 통일의 시점을 예측하기 어려운 상황에서, 분단이 장기화되면서 남북의 공통성과 차이를 새롭게 재정의해야 할 필요성이 제기되고 있다. 이제는 북한이 어떤 사회이며, 어떤 방식으로 이해되어야 하는가에 대한 질문을 회피할 수 없는 단계에 이르렀다.

그렇다면 대한민국은 북한에 대해 얼마나 알고 있는가.

북한을 이해하고 통일의 가치를 창출하는 일은 궁극적으로 대한민국의 국익과 직결된다. 이해관계가 직접 맞닿아 있는 상대를 상대로 국익을 극대화하려면, 충분하고도 다양한 정보가 전제되어야 한다. 그러나 우리의 현실은 그렇지 않다.

한때 북한 연구자들 사이에서는 '북맹(北盲)'이라는 표현이 회자되었다. 문맹이 글을 읽지 못하듯, 북한을 전혀 알지 못한다는 자조적 표현이다. 실제로 북한이탈주민들은 남한에 와서 "이렇게까지 북한을 모를 수 있느냐"고 놀랐다는 이야기를 종종 전한다. 그만큼 남한 사회의 북한 인식은 제한적이며 단편적이다.

물론 변명할 여지는 있다. 대한민국의 정보력이 북한을 전혀 모르는 수준은 아니다. 특히 군사·안보 분야에서의 정보력은 상당하다. 첨단 위성과 감시 체계를 통해 북한의 군사 시설과 지형,

부대 배치와 무기 체계까지 비교적 정밀하게 파악하고 있다. 어디에 어떤 부대가 있고, 어떤 무기가 배치되어 있는지를 모른다면 오히려 이상한 일일 것이다.

문제는 통일 그 이후이다.

군사 영역을 제외한 북한 사회에 대해서는 거의 알지 못한다는 점이다. 정치 체제의 실제 작동 방식, 사회 구조, 일상생활, 문화와 감성, 언어의 변화에 대해서는 공백에 가깝다. 북한에 공산당이 없다고 말하면 분노하는 반응이 돌아오는 현실은 이러한 인식의 단면을 보여준다. 북한을 '공산당 국가'로만 이해하는 관성적 인식이 여전히 강하게 작동하고 있기 때문이다.

북한을 아는 것과 북한을 상상하는 것은 다르다.

지금까지 우리 사회는 북한을 분석하기보다는 규정해 왔고, 이해하기보다는 판단해 왔다. 그 결과 북한은 구체적인 사회라기보다 추상적 이미지로 소비되었고, 통일 논의 역시 현실 분석보다는 당위와 선언의 영역에 머무르게 되었다.

북한을 연구한다는 것은 북한을 옹호하거나 정당화하는 일이 아니다. 그것은 오히려 북한을 객관적 실체로 파악하고, 통일이라는 이상을 현실의 언어로 번역하기 위한 최소한의 작업이다. 북한을 모른 채 통일을 말하는 것은, 지도 없이 목적지를 향해 가겠다는 말과 다르지 않다.

북한, 보이는 것과 보이지 않는 것

어쩌다 중국인 교수와 프로야구 코리언 시리즈를 함께 본 적이 있었다. 한참 보고 있던 중국인 교수가 물었다. "저 사람은 왜 걸어나가는 거죠?"

생각해보니 중국인 교수는 야구의 규칙을 전혀 알지 못하고 있었다. 그러니 포볼로 걸어 나가는 것이 의아했던 모양이다. 규칙을 알고 보는 것과 모르고 보는 것의 차이는 비교할 수 없다. 투수의 움직임 하나하나 타자의 움직임 하나하나를 눈이 빠져라 보고 있던 나는 갑자기 너무 미안해졌다.

크리켓 경기를 본 적이 있었다. 규칙을 모르니, 재미가 있을 수 없었다. 마치 야구 규칙을 모르는 중국인 교수가 꼭 그랬을 것 같다.

오늘날 우리에게 "북한 문화란 무엇인가?", "우리가 북한 문화를 연구한다는 것은 어떤 의미를 갖는가?"라는 질문은 여전히 유효하다. 북한 문화와 관련한 논의는 크게 두 가지 관점으로 나뉜다.

하나는 북한 문화에 대한 개념이다. 즉 "북한 문화란 무엇인가"에 대한 문제이고, 다른 하나는 "왜, 어떤 이유로 북한 문화를 이해하려 하는가"라는 물음이다.

북한 문화는 온전한 학문적 대상으로 취급받아 온 역사가 길지 않다. 모든 학문이 그렇듯 북한 문화 연구 역시 어떤 구조와 원리로 작동하는지를 탐구하려는 지적 호기심에서 출발한다. 그러나 이러한 호기심에 앞서, 북한 문화를 연구한다는 사실 자체가 종종 의심의 대상이 되어 왔다.

연구 목적을 먼저 검열받는다. 그리고 "왜 다른 분야가 아니라, 북한의 문화를 연구하는가", "북한 문화 연구는 어디에 쓰이는가?"라는 질문이 뒤따랐다. 이러한 시선에는 북한 문화 연구가 현실적 효용성이 낮은 무용한 학문이라는 인식이 깔려 있다.

남한에서 북한 연구는 실용적 목적에서 출발하였다. 남북 관계가 고착되고 대화의 필요성이 제기되면서, 이른바 지피지기(知彼知己)의 차원에서 북한 연구가 진행되었다. 그 결과 북한 연구는 목적에 따라 필요한 정보만을 선별적으로 취하는 학문으로 인식되었다.

더 나아가 김일성 사망 이후 김정일, 다시 김정은으로 권력이 이어지는 과정 속에서 북한 문화를 이해하려는 시도는 자칫 북한 체제를 옹호하는 행위로 오해받기도 하였다.

남북의 문화는 분단의 시간만큼이나 달라졌다. 분단된 상태로 맞이한 광복 이후 80년에 가까운 시간이 흐르면서, 남북은 각기 다른 체제와 시스템 아래 자유민주주의 시장경제 사회와 사회주의 계획경제 사회를 구축하였다. 정치 이념의 차이는 곧 문화의 차이로 이어졌고, 국가를 상징하는 표상에서부터 언어 체계, 정서 구조에 이르기까지 상이한 방향으로 분화되었다. '표준어'와 '문화어'의 분리는 그 상징적인 사례이다.

현대화의 경로에서 남북은 서로 다른 사유체계와 감성체계, 미학관과 세계관을 형성하였다. 남북 문화는 지향하는 사회적 의미와 기능, 역할 면에서도 현저한 차이를 보인다. 남한 문화가 창조성과 상상력을 핵심 가치로 삼는다면, 북한 문화는 사회적 기능과 정치적 지향성을 중심에 둔다. 이러한 정치성은 북한 문화가 예술의 순수성을 훼손한 것으로 인식되게 만드는 요인이기도 하다. 북한 문화는 사회를 반영하고 변화시키며, 대중을 교양시키는 기능을 수행하고자 한다.

이런 이유로 문화와 예술의 정치성에 대한 논쟁은 북한 예술

작품에 대한 평가로 이어진다. 북한에서 높이 평가되는 혁명예술은 당의 정책을 인민 생활과 밀접하게 결합해 형상화한 작품을 의미한다. 그러나 우리의 시각에서 이러한 작품은 정치적 색채가 강한 예술로 인식된다.

시간이 흐를수록 "북한을 안다"는 것이 얼마나 어려운 일인지를 실감하게 된다. 김정일 체제를 지나 김정은 체제로 이어지는 과정에서 오히려 "북한을 잘 모른다"는 사실만이 분명해졌다. 이는 단순히 관심이나 정보 접근의 부족 때문만은 아니다. 보다 근본적 문제는 우리 사회가 북한을 이해하는 방식 자체에 있다.

우리 사회는 통일을 지상과제로 설정하고 수많은 강의와 행사를 진행해 왔지만, 정작 "북한을 어떻게 이해할 것인가"에 대한 사회적 합의는 부재하였다. 통일은 실천해야 할 도덕적·당위적 과제로 인식되었고, 그 자체로 숭고한 목적이 되었기에 다양한 담론을 생산하지 못했다. 통일의 대상은 북한이었고, 통일의 목적은 북한을 자유민주주의와 시장경제 체제로 전환시키는 것이었다.

이러한 인식 속에서 북한 문화를 이해해야 할 이유는 제기되지 않았다. 문제는 항상 북한이었고, 우리의 문제는 아니었다. 북한만 '바로잡으면' 모든 문제가 해결될 것이라는 사고가 지배적이었다. 북한은 열등하고 미완의 국가이며, 잘못된 정치와 체제로 인해 비정상 상태에 놓인 존재로 규정되었다. 민주주의의 가치를 알지 못하기 때문에 이를 가르치고, 개혁·개방을 통해 정상화시키면 통일은 자연스럽게 완성될 것이라는 인식이었다.

남북 분단 이후 끊임없이 통일을 이야기해 왔지만, 그 담론 속에는 정작 '북한'은 존재하지 않았다. 남북 분단 이후 통일을 이야기하였지만 정작 '북한은 없었다'.

수령의 세계

2025년 한반도 분단은 80년의 시간을 통과했다. 이 80년은 단순히 시간이 누적된 기간이 아니라, 남과 북이 각자 다른 '세계'를 구축해 온 시간이었다. 분단 이후 형성된 이데올로기는 단지 정치적 구호가 아니라, 제도·생활·감각의 층위까지 침투하며 자기 복원력을 갖춘 하나의 생태계로 자리 잡았다. 그래서 분단 80년 동안 구축된 세계는 쉽게 바뀌지 않는다.

북한의 핵심은 주체사상이다. 북한은 주체사상을 이론으로 정교화했고, 그것을 제도와 일상 속 규범으로 구체화했다. 주체는 '이념'의 형태로만 존재하지 않는다. 사회 전 영역에서 작동하며 개인의 삶을 규율하는 제도적 실체로 기능한다. 그 결과 북한 사회에서 '다른 길'은 선택지가 아니라 금기이자 공백이 된다.

대안의 가능성을 상상하지 못하게 만드는 점에서, 주체 세계는 일종의 집단적 '감각 마비'를 낳았다.

주체의 세계에 오래 머무는 삶은 주체가 아닌 세계를 상상하기 어렵게 만든다. 감각과 판단의 마비가 동반된다. 설령 균열이 생기고 틈이 벌어진다 해도, 시스템이 곧바로 변화하는 것은 아니다. 내면화된 질서로 되돌아가려는 관성이 강하게 작동하기 때문이다. 적어도 체제의 방향 자체를 바꿀 만큼의 역사적 '사변'(북한에서 '사변'은 엄청난 의미의 중대 사건을 뜻하는 긍정적 용례로 사용된다)이 없다면 말이다.

수령제로 굳어진 북한은 수령제를 중심으로 하나의 세계를 이루었고, 그 세계가 자생적 복구력을 갖추었다는 점은 북한 연구가 공유하는 불편한 사실이다.

김일성 사망 당시 주민들이 오열하는 장면은 분명 '보여주기'의 성격이 있었지만, 단지 연출로만 환원하기 어렵다. 수령은 '정치사회적 생명'을 부여하는 존재로 구성되었고, 말을 배우는 순간부터 '아버지'로 호명되었다. 수령의 언어는 규범이 되었고, 충성은 훈육을 넘어 습속이 되었다. 강제의 결과였더라도, 그 강제는 시간이 누적되며 '자연스러운 스며듦'으로 체화된다.

'수령의 죽음'은 단순한 권력 교체가 아니다. '수령 이후'가 가능하다는 상상 자체가 차단된 세계에서 그것은 존재론적 충격이다. 영생과 불멸의 상징이 붕괴하는 순간, 사람들은 하늘이 무너지는 '천붕지통(天崩之痛)'을 경험했을 것이다.

이런 현실 앞에서 "민족의 동질성을 회복하고 공통성을 확대해야 한다"는 당위적 주장이 제기되기도 한다. 그러나 시간이 공으로 흐르지 않았다는 점을 먼저 인정해야 한다. 분단 80년은 남과 북이 각자의 세계를 구축하기 위해 몰두한 시간이었고, 그 세계는 각각 고유한 복원 체계를 갖추었다.

반복된 실패를 낳는 섣부른 정책을 되풀이하기보다, 객관적 실체로서의 북한을 진단하는 일이 우선이다. 앞으로의 시간은 정보와 분석을 통해 북한의 실체를 더 정밀하게 파악하고, 그 위에서 현실 가능한 정책과 담론을 설계하는 과정이어야 한다.

변화에 대한 강박

'급변사태'는 1990년대 이후 북한 상황을 설명하는 개념 가운데 가장 빈번하게 호출된 용어 중 하나이다. 평소에는 잠잠하다가도 북한 내부에서 사건이나 징후가 포착될 때마다 거의 반사적으로 등장해 왔다. 북한 상황과 결합되어 사용되는 '급변'은 북한이 돌발적인 변화를 맞이하여 예기치 못한 통제 불능 상태에 이를 것이라는 가정을 전제한다.

이러한 담론의 핵심에는 북한이 이미 국가적 차원의 통제력을 상실하였다는 판단이 놓여 있다. 따라서 내부 요인에 의해 급격한 변화가 발생할 경우 체제는 이를 수습하지 못한 채 붕괴 국면으로 접어들 것이며, 이에 대비한 사전 준비가 필요하다는 논리가 형성되었다. 그 결과 통일에 대한 장기적 대비보다 급변 상황에 대한 위기 관리가 우선시되는 경향이 강화되었다.

북한의 내부 통제력 상실이라는 인식이 본격화된 계기는 1990년대 김일성 주석의 사망이었다. 국내외 다수의 전문가들은 북한 체제의 붕괴를 예측하며, 일당독재에 대한 인민의 누적된 불만이 감당하기 어려운 민주화 요구로 분출될 것이라 전망했다.

그러나 약 10년이 경과하면서 이러한 붕괴 담론은 점차 설득력을 잃었고, 대신 '내구력'이라는 개념이 부상하였다. 대북 제재와 국제적 고립 속에서도 체제가 유지되는 현실을 목도하면서, 북한 체제를 지탱하는 구조적·제도적 지속성에 대한 관심이 확대된 것이다. 이후 김정은 후계 구도가 구체화되는 과정에서 다시 한 번 '급변'은 북한 상황을 설명하는 핵심 키워드로 재등장하였다.

북한 체제 변화 가능성을 예의주시하는 일은 여전히 중요하다. 북한의 변화는 한반도 전체의 안보와 질서에 직접적인 영향을 미치기 때문이다. 장기간의 대외 고립과 자생적 생존 능력의 약화로 인해 외부 지원 없이는 체제 유지가 어렵다는 인식이 확산되면서, 북한 체제 변화에 대한 논의는 점차 구체화되었다.

북한은 위로부터의 변화와 아래로부터의 변화를 동시에 내포한 구조를 갖고 있다. 최고지도자에게 집중된 과도한 권력은 건강 이상이나 후계 구도의 불안정성으로 인해 체제 권력의 균열을 초래할 가능성을 내포한다. 동시에 국가 통제력 약화, 경제력

쇠퇴, 공적 서비스의 부재와 같은 조건들은 주민이 변화의 주체로 등장할 가능성 또한 배제할 수 없게 한다. 튀니지의 벤 알리 정권 붕괴와 같은 사례는 이러한 가능성을 상기시킨다.

따라서 북한의 불안정성을 단순히 가정하거나 기대하는 차원을 넘어, 이를 체계적으로 평가하고 북한 체제 변화의 방향과 위기 수준을 진단·예측하는 작업은 필수적이다. 이러한 평가는 단편적인 인상이나 희망적 전망이 아니라, 북한 체제에 대한 구체적이고 두터운 분석을 토대로 이루어져야 한다.

북한 안정성

북한 체제가 안정적인가, 아니면 취약한가라는 질문은 '변화'를 어떻게 개념화하고 인식하느냐에 따라 두 가지 상이한 관점으로 구분된다.

첫째는 북한 체제가 구조적으로 취약하며, 변화는 불가피하다는 입장이다. 이 관점은 정치·경제·사회문화적 조건상 북한이 현 체제를 유지한 채 장기적으로 존속하기 어렵다는 전제에 기초한다. 이러한 시각은 김정은 체제의 정치적 안정성에 대한 문제제기에서 출발한다. 김정은 집권 초기에는 후계 작업이 충분히 제도화되지 않았고, 젊은 연령과 제한된 정치 경험으로 인해 권력 장악력이 취약할 것이라는 평가가 지배적이었다.

이로 인해 권력 누수와 공백이 발생하고, 지도층 내부의 권력 암투와 집권 세력의 분열로 통치력이 약화될 것이라는 시나리오가 제기되었다. 김정은 집권 14년을 맞이한 현재에도 이러한 권력 투쟁 가능성은 북한 체제 변화나 붕괴의 잠재적 조건으로 반복적으로 언급되고 있다.

경제적 요인 또한 변화 불가피론의 핵심 근거로 제시된다. 만성적인 식량난과 외화난은 북한 당국의 물적 기반을 약화시켰으며, 계획경제를 지탱하던 구조적 토대가 사실상 붕괴되었다는 평가로 이어진다. 시장경제의 확대는 경제활동의 중심을 국가에서 시장으로 이동시키고, 이에 따라 주민의 자유의식이 확산될 가능성을 높인다는 것이다. 이러한 변화는 통제 강화와 주민 반발의 악순환을 초래하며, 장기적으로 체제 불안정으로 이어질 것이라는 전망으로 연결된다.

사회문화적 차원에서는 외부 정보 유입이 중요한 변수로 지목된다. 미디어 기기와 전파 확산을 통해 외부 문화와 정보가 유입되면서 주민의 의식 변화가 가속화되고, 이는 체제 변화 요구로 이어질 수 있다는 논리이다. 특히 휴대전화 사용자의 급증은 정보의 유통과 공유를 촉진하는 핵심 요인으로 평가된다.

아울러 북한이탈주민의 증가는 북한 내부의 불안정성을 가늠하는 지표로 활용된다. 탈북 증가는 외부 정보와 내부 네트워크의 연결을 강화하고, 이는 자유의식 확산과 변화 요구로 이어질 가능성이 있다는 것이다. 최근 고위 탈북자의 증가는 이러한 흐름을 뒷받침하는 사례로 제시되기도 한다.

북한 체제가 상대적으로 안정적이라는 견해도 있다. 북한의 권력 구도가 상호 견제 세력이 부재한 절대적 권력 체제로 장기간 유지되어 왔으며, 이러한 구조가 역설적으로 체제 안정성을 형성해 왔다고 본다. 그 결과 단기간 내 정치적 대안 세력이나 체제 변화를 주도할 집단이 형성되기 어려운 구조적 조건이 지속되고 있다는 입장이다.

김정은 후계 과정에서도 권력 공백을 둘러싼 공개적 투쟁보다는 충성 경쟁이 강화되었으며, 이는 권력 분산이 아니라 오히려 권력 집중과 체제 안정을 심화시키는 방향으로 작용하였다. 시장경제의 확산 역시 체제 변화를 촉발하기보다는 당국의 통제 아래 제도적으로 흡수·관리되는 방식으로 전개되고 있다는 평가가 제기된다. 시장은 체제 불만을 증폭시키기보다는 오히려 이를 흡수·완충하는 장치로 기능하고 있다는 것이다.

외부 문화 유입에 대해서도 변화의 영향은 제한적이라는 견해가 제시된다. 외부 문화가 주민 의식에 일정한 자극을 줄 수는 있으나, 그것이 곧 정치적 행동이나 집단적 저항으로 전환될 가능성은 크지 않으며, 오히려 문화 소비를 통해 정치적 긴장과 불만이 일상적 차원에서 해소될 가능성도 존재한다는 입장이다.

북한 정보와 리터러시(Literacy)

'리터러시(Literacy)'의 사전적 의미는 '글을 읽고 쓸 줄 아는 능력'이다. 우리말로는 흔히 '문해력(文解力)'으로 번역된다. 그러나 '글을 읽고 쓸 줄 안다'는 것은 단순히 문장을 해독하거나 받아쓰는 능력을 뜻하지 않는다. 리터러시는 맥락을 이해하는 능력이며, 말해진 것과 말해지지 않은 것을 함께 읽어내는 사고 능력이다.

예컨대, 사고를 치거나 잘못을 저질렀을 때 부모가 "잘한다"라고 말했을 때, 그것이 칭찬이 아님을 알아차리는 능력, '찬밥'이 식어서 차가운 밥이 아니라는 의미를 이해하는 능력, 정부가 공공요금을 '현실화'하겠다고 할 때 그것이 인상을 뜻한다는 점을 읽어내는 능력이 바로 리터러시이다. 이는 논리적이고 체계적으로 자신의 의사를 표현하는 능력이자, 텍스트를 비판적으로 읽어내는 능력이다.

리터러시의 중요성이 강조되면서 그 개념 역시 확장되고 있다. 현대 사회에서는 특히 미디어 환경이 급변하면서 '미디어 리터러시(media literacy)'가 핵심 역량으로 부각되고 있다. 미디어 리터러시는 넘쳐나는 정보 속에서 미디어 메시지를 비판적으로 분석하고 평가하며, 나아가 이를 능동적으로 활용할 수 있는 능력을 의미한다. 정보통신 기술의 발달로 개인 미디어와 다양한 플랫폼이 등장하면서, 검증되지 않은 정보 또한 무차별적으로 유통되고 있다. 특히 코로나 팬데믹 이후 유튜브를 비롯한 미디어의 영향력이 절대적으로 커진 상황에서, 단순한 이용 기술을 넘어 메시지의 맥락과 의도를 해석하고 판단하는 능력은 필수적인 역량이 되었다.

북한 관련 보도에서 미디어 리터러시는 더욱 중요하다. 북한에 관한 정보는 본질적으로 제한적이며, 사실 여부를 즉각적으로 확인할 수 있는 근거도 부족하다. 이로 인해 단편적인 정보가 과장되거나 왜곡된 해석으로 확산되기 쉽다. 따라서 주어진 정보를 비판적으로 검토하고, 다양한 자료를 교차 확인하며, 정보가 생성·유통되는 맥락을 함께 분석하는 태도가 필요하다. 이 책 역시 표면적으로 드러난 미디어 정보 너머의 맥락을 읽어내는 '북한 리터러시'를 위한 길잡이로 기획되었다.

대한민국 사회가 북한에 무관심해진 이유는 분명하다. '도움이 되지 않는다'고 인식되기 때문이다. "북한을 알아서 무엇을 하겠느냐"는 질문에 선뜻 답하기 어렵다. '통일'이라는 대답은 너무 익숙하고, 동시에 설득력을 잃어버린 답변이 되었다.

'한민족이니 함께 살아야 한다'는 논리는 더 이상 자명하지 않다. 다민족 국가가 보편화된 시대에 민족적 동질성만으로 통일의 당위를 설명하기는 어렵다. 대한민국 역시 이미 다문화 사회로 진입하였다. '통일이 되면 잘 살 수 있다'는 주장 또한 확신하기 어렵다. 오히려 통일 이후의 비용과 부담을 우려하는 인식이 더 현실적으로 받아들여지는 상황이다. 통일 담론은 더 이상 과거의 언어로는 설득력을 얻기 어렵다.

그렇다면 북한이라는 존재, 북한에 대한 정보, 북한과의 관계는 어떻게 읽어야 할까. 선뜻 답하기 어려운 문제이다. 한반도가 일제 식민 지배에서 벗어난 것이 1945년이고, 남북 분단 이후의 시간이 어느덧 80년에 이르렀다. 그동안 남과 북은 전혀 다른 체제와 사회를 구축해 왔으며, 그 차이는 구조적이고 심층적인 수준에 이르렀다.

확인되지 않은 정보와 추측성 보도가 난무한다. 최고지도자의 행방이 묘연하거나 포착되지 않거나 주요 인물의 동선이 잠시 보이지 않으면 곧바로 사망설이나 숙청설이 등장한다.

'측근'과 '숙청'은 북한 보도의 상투적 표현이 되었다. 이러한 가능성을 배제할 수는 없지만, 과도한 해석 또한 경계해야 한다.

정보를 넘어 북한의 지형을 읽기 위해서는 '두툼한 읽기'가 필요하다. 빅데이터 수준이 아니더라도, 다양한 자료와 시각을 중첩하여 살펴보는 접근이 요구된다. 북한 정보는 북한 내부에만 존재하지 않는다.

북한이 관여한 국제기구, 주변국의 자료, 다양한 간접 정보 속에 흩어져 있다. 이를 모으고 교차하면서 보다 정확한 지형에 다가가는 것이 북한 리터러시의 핵심이다. 정책적 판단과 선택은 그다음의 문제이다. 어떤 판단이든 정확한 이해와 정보에 기반할 때 의미가 있다.

제4부
통일을 상상하는 인문학

제2차 세계대전의 엔딩은 어떻게 기억되는가

제2차 세계대전의 엔딩은 국가별로 기억하는 방식이 다르다. 한국은 8월 15일을 일본 식민 지배에서 벗어나 빛을 되찾은 날, 즉 광복절로 기념한다. 미국을 비롯해 중국, 러시아는 전쟁에서 승리한 날, 즉 전승절로, 일본은 '종전기념일', 즉 전쟁이 끝난 날로 기념한다. 북한은 이를 '조국해방절'이라 부른다.

일본의 공식 행사 명칭은 '전사자들을 추모하고, 평화를 기원하는 날'이다. 많은 의문을 남긴다. 전쟁 가해국임에도 자국 전사자만을 추모하고 자국의 평화를 기원한다는 것은 일본이 과거를 어떤 방식으로 기억하고 싶은지 보여주는 상징적 행위다.

제2차 세계대전의 막바지였던 8월 14일 일본은 미국에 항복 의사를 전달하였고, 다음 날인 8월 15일에 일본 천황은 라디오 방송을 통해 이른바 '옥음(玉音)'으로 항복을 선언하였다. 그리고

9월 2일 공식으로 항복문서에 공식 서명했다. 한국과 일본은 항복을 선언한 날인 8월 15일을 기념하고, 다른 나라는 항복문서에 서명한 날, 또는 다음날을 기념한다.

역사가 중요한 것은 그것이 단순한 과거의 기록에 머물지 않기 때문이다. 역사는 '기억'의 방식으로 현재와 끊임없이 상호작용한다.

그러나 역사적 사건을 기억하는 방식은 공동체마다 다르다. 명칭이 다르고, 의례가 다르고, 기념의 형식이 다른 것은 기억하려는 '핵심 의미'가 서로 다르기 때문이다. 결국 의미가 달라지면 의례도 달라진다.

역사를 '어떻게 기억할 것인가'의 문제에는 언제나 치열한 논쟁이 따라붙는다. 역사는 경쟁적 '기억 작업'을 통해 하나의 '보편적 기억'으로 자리 잡는다. 이 과정에서 기록으로서의 '역사'와, 기억·의례로서의 '역사 문화'가 상호 교섭하며 집단기억으로 자리 잡는다.

얀 아스만(Jan Assmann)의 '문화적 기억(Kulturelles Gedächtnis)'에 의하면, 기억은 문자나 기록, 예술 작품이나 의례를 통해 보존되며, 국가나 교육 제도를 통해 지속으로 전승되어서, 정체성을 규정하는 근거가 된다. 기념일은 이런 작업을 거쳐 공동체의 정체성과 결속을 형성하는 토대가 된다. 그리고 기념식이나 축제를 통해 주기적으로 재현되면서, 집단의 정체성을 새로이 확인된다. 이로써 역사는 과거를 단순히 보존하는 것이 아니라 현재와 연결된다. 그것도 현재의 필요와 맥락 속에 끊임없이 재해석된다.

광복절은 광복의 의미 과정에 무게를 담는다. 잃었던 빛을 다시 찾기 위한 헌신과 노력, 희생을 추모하며, 어렵게 찾은 광복의 정신을 이어 온전한 광복으로 나아갈 비전을 담는다. 온전한 광복은 분단 극복이다.

이런 점에서는 대한민국 광복절 메시지는 두 방향에서 주목받는다. 하나는 한일 관계이고, 다른 하나는 남북 관계이다. 한일 관계는 분단의 근원으로서, 식민 역사의 청산과 기억이라는 과거와 연결되어 있다. 남북 관계는 분단이라는 미완의 과제를 어떻게 해결할 것인지의 문제이다.

'음수사원(飮水思源)'이라는 말이 있다. 물을 마실 때는 그 근원을 생각하라는 뜻이다. 광복절에는 광복이 주는 의미를 생각하듯, 통일 문제에서도 우리가 해야 하는 통일이 무엇이고, 어떤 통일이 되어야 하는지를 돌아보는 혜안이 필요하다. 광복절의 기억은 매년 이어질 것이다. 후대 세대들에게 광복절이 어떤 기억으로 남을지를 정밀하게 기획해야 할 때다.

길이 없으면 세상이 다 길인데

길이 없으면
세상이 다 길인데
사람들은 길을 만들어
천만의 길을 다 죽인다

—임보, 「길 없는 길」 부분

임보 시인의 「길 없는 길」이라는 시의 일부이다.

사람들이 길이 없다고 한다. 길은 처음부터 없었다. 그런데, 여러 사람이 다니면서, 길이 만들어졌다. 길은 만들어진 것인데, 마치 처음부터 길이 있었던 것처럼 '길로 가'라고 한다. 그렇게 만들어진 길은 다른 길로 갈 가능성을 소멸했다.

태고(太古)부터 길이 있었던 것처럼 말하지만 길은 본디 없었다. 길은 만들어진 것이다. 길은 누군가의 첫발에서 시작되었다.

한 사람이 내디딘 첫걸음, 그 뒤를 잇는 또 한 걸음, 그리고 또 다른 발걸음. 그 발걸음들이 이어지고 쌓여 비로소 길이 만들어진 것이다.

시작의 중요성을 알려주는 시로, '답설(踏雪)' 또는 '답설야(踏雪野)'라는 시가 있다.

踏雪野中去(답설야중거)

不須胡亂行(불수호란행)

今日我行跡(금일아행적)

遂作後人程(수작후인정)

눈 덮인 들판을 걸을 때는 걸음을 어지럽게 하지 마라.

오늘 내가 걸어간 이 발자국이 다른 이의 길잡이가 되지 않겠는가.

별도의 제목이 없는 경우는 문장의 첫 구절을 따서 제목으로 삼는다. '답설(踏雪)' 또는 '답설야(踏雪野)'라는 제목도 그리 붙은 것이다.

백범 김구 선생의 좌우명으로 삼은 시로 알려져 있다. 1948년 남북 협상 길에 38선을 넘으며 읊었다는 일화도 있다.

노벨 문학상 작가 한강이 의미한 “과거가 현재를 도울 수 있는가? 죽은 자가 산자를 구할 수 있는가?”의 화두도 크게 다르지 않다. 오늘 걸음이 다른 이의 길이 되기 때문이다.

관계는 다양하다

관계는 다양하다. 통일인문학은 다양한 관계의 가능성에 주목한다. 남북 관계는 단순히 '우리/적', '자본주의/사회주의', '보수/진보'라는 이분법적 틀로만 설명될 수 없다.

존재가 있기 때문에 관계가 생기는 것이 아니다. 어떤 관계를 맺느냐에 따라 관계의 성격이 형성된다.

대립과 경쟁만이 남북의 유일한 관계가 아니라, 일상과 문화·사회적 실천 속에서 훨씬 다양한 관계 유형이 형성될 수 있음에 주목한다. 그렇게 남북 관계를 바라보는 이분법적 시각의 틈새에 존재하는 다양한 방식으로 관계를 확대해 나가려 한다.

인문학의 시선은 일상 속 통일에 주목한다. 체제 통합 중심의 통일론은 정통성 문제와 결부되기 쉽고, 그 결과 통일을 제도와 방식의 문제로만 접근하는 경향이 있다. 이 과정에서 정작 중요한 민중(시민·인민)의 삶과 일상적 고민은 배제된다. 통일은 제도적 통합 이전에 시민의 일상과 생활 문제를 중심에 놓아야 한다.

일상은 삶을 이해하는 방식이자 거대 권력이 미시적 차원에서 작동하는 지점이다. '호기심'이나 '낯설음'이 아니라 인간의 삶 자체에 주목하며, 사회과학적 구조 속에서 살아 움직이는 일상을 관찰해야 한다.

예컨대 시장은 생산과 분배의 현장이기도 하지만 일상이 작동되는 현장으로서 의미도 있다. 미시적 관찰을 통해 삶의 방식을 재구성하고, 시장을 사회적 관계 속에서 분석하고 파악할 수 있다. 물건을 사고파는 곳인 동시에 사유가 교환되는 곳으로서 시장의 기능에 관심을 둘 수 있는 것이다.

박완서, 『옥상의 민들레꽃』

박완서의 소설 『옥상의 민들레꽃』은 인간에게 필요한 삶의 자양분이 무엇인지, 한 꼬마의 시선을 통해 보여준다. 꼬마가 사는 '궁전아파트'는 누구나 부러워하는 최고급 아파트 단지였다. 편리한 시설, 아름다운 공원, 넓은 놀이터, 인공 연못까지 갖춘 완벽한 생활환경이 모두의 부러움 대상이었다.그곳에 사는 주민들은 자신들이 '행복하다'고 믿어 의심치 않았다.

그런 아파트에서 두 할머니의 연이은 자살 사건이 발생하였다. 누군가 '어디에 사느냐?'고 물어보았을 때 '궁전아파트에 산다'고 하면 금세 부러워하는 그런 아파트에서 일어난 자살 사건은 궁전아파트 주민들에게 엄청한 충격을 받았다.

궁전아파트에서 자살 사건이 일어났다는 것은 궁전아파트에서 사는 것이 행복하지 않을 수도 있다는 것을 보여줄 수 있는 사건이었다. 궁전아파트 사람들이 행복하지 않을 수도 있다는 생각만으로도 궁전아파트 사람들은 금세 불행해질 수 있었다. 그렇게 믿고 있었던 행복이 흔들리게 되자, 궁전아파트 사람들은 불안을 키운다. 마침내 주민들이 한자리에 모여 대책 회의를 열게 된다.

회의의 핵심은 자살 방지가 아니라, 자살 소문으로 인해 '아파트 값이 떨어지는 것'을 막는 일이었다. 사람들의 행복이란 결국 '비싼 아파트'에서 나온다는 사실이 그대로 드러난 것이다. 쇠창살 설치 등 여러 의견이 나왔다. 하지만 외관이 훼손되어 집값이 떨어질 수 있다는 이유로 부결되었다.

궁전아파트 주민들의 행복 근원은 값나가는 아파트에 살고 있다는 것이었다. 따라서 궁전아파트가 똥값이 되면 아파트 주민들의 행복도 똥값이 된다는 것을 알고 있었다. 그런 점에서 자살 방지는 곧 아파트값 하락을 막는 일, 다시 말하면 자신의 값비싼 행복을 지키는 일이었다.

의견이 분분해지는 가운데, 아파트 주민들은 자살한 할머니 가족에게 원인을 물어본다. 자살한 할머니의 딸과 며느리들은 할머니에게는 부족한 것이 전혀 없었다고 대답한다. 냉장고에는 할머니가 즐기던 음식으로 늘 가득 찼었고, 옷장에는 사시사철 입을 옷도 가득했었고, 음식과 옷은 물론 할머니가 계신 방에는 세간이며 필요한 물건도 가득했었다고 답한다. 향수병이 있었던 것도 아니었다. 할머니들은 이 도시가 고향이었다.

물론 할머니의 불만이 전혀 없었던 것은 아니었다. 할머니의 유일한 불만은 '아이를 업어 키우고 싶은 것'과 '바느질을 좋아해서, 버선을 깁고 싶어 하는 것' 정도였다. 여느 할머니들이면 할 수 있는 작은 희망이었지만 할머니의 소원은 이루어지지 못했다. 안짱다리가 될 수 있다는 이유로 업어 키우기를 거부당했고, 깁고 싶어 했던 버선은 구할 수가 없었다. 하지만 단지 그런 이유로 자살 이유로 받아들이기는 너무나 사소했다. 어느 하나 부족한 것 없고, 불만도 없어 보였다. 할머니의 자살은 "예전 사람들이 너무도 그리워서 현실을 받아들이지 못"한 것으로 결론 났다.

주민들의 논의가 한창 진행되는 중 꼬마가 열심히 손을 들고 말할 기회를 찾고 있었다. 엄마를 따라온 꼬마였다. 꼬마는 열심히 손을 들고 대책을 말하고자 하였다. 하지만 꼬마는 무시되었고, 버릇없는 아이로 엄마와 함께 쫓겨난다.

꼬마가 말하고 싶었던 것은 '베란다에서 떨어져서 그만 살고 싶은 마음을 돌이킬 수 있는 건. 쇠창살이 아니라 민들레꽃'이라는 사실이었다.

꼬마는 자신도 이 세상을 버리고 싶어, 옥상에 올랐다가 옥상에 핀 민들레꽃을 보면서 내려왔던 기억이 있었다. 엄마가 자신을 사랑하지 않는다고 생각하고 올라갔던 옥상에서 민들레꽃을 본 적이 있었다.

시멘트로 빤빤하게 발라놓아 흙이라곤 찾아볼 수 없는 옥상에서 민들레꽃이 가냘프게 피어 있었다. 시멘트 바닥이 조금 패인 곳에 한 숟갈도 안 되는 흙이 모인 곳. 흙이랄 것도 없는 한 줌의 먼지에 허겁지겁 뿌리를 내리고 눈물겹도록 노랗게 민들레꽃이 피어 있었다. 콘크리트 옥상에서 한 숟가락도 안 되는 흙 한 줌에 의지하여 가냘픈 뿌리를 내리고 살아가는 민들레꽃을 보면서, 꼬마는 생명의 소중함을 깨닫고 옥상에서 내려온 기억이 있었다.

옥상에서 내려온 꼬마는 사람이 어떤 때 죽고 싶은지를 잘 알고 있었다. 사람은 사랑받지 않을 때 살고 싶지 않다는 것을 알게 되었다. 사람 마음속 가장 큰 상처는 절실하게 말하는 사람의 말을 들어주지 않을 때 생긴다.

정말 절실하게 말하고 있을 때 귀를 귀울여 주지 않는다면 살아갈 희망도 사라진다. 사랑하는 사람에게서 사랑을 받지 못할 때 할머니의 목숨은 살아 있어도 살아 있는 것이 아니다. 그렇게 자살을 막는 것은 쇠창살이 아니라 생명의 소중함을 알려주는 민들레꽃이라는 것을 알고 있었다. 희망의 민들레꽃이 생명을 살린다는 것을 그렇게 말하고 싶었다. 하지만 어른들은 마음을 열지 않았다.

이상호, 「사는 법」

아파트 옥상의 풀꽃들은
절망하는 법이 없다.
뿌리를 내리지 못하여
맨살이 드러나지만
자신이 앉은 자리를 탓하지 않는다.
머리 위로 흐르는 하늘을 생각하며
빨리 뜨고 늦게 지는 해를 생각하며
외로움은 말하지 않는다.
하늘만 바로보고 떠오르다
떠오르다 닿은 곳
어둠이 내리면 이슬에 목을 축이고
반짝이는 별을 보며
푸른 눈을 부릅뜰 뿐.

—이상호, 「사는 법」

이상호 시인의 「사는 법」이라는 시다. 시인은 옥상 한 귀퉁이 흙더미에 의지하여 삶을 지탱하고 있는 풀꽃에서 사는 법을 연상한다. 옥상이 아니어도, 콘크리트 벽이나 아스팔트 위에서도 한 줌 흙에 뿌리를 뻗고 살아가는 풀꽃들에게서 생명의 경외를 읽었던 기억은 있을 것이다. 생명의 뿌리, 삶의 의지는 그렇게 척박한 곳에서도 뿌리를 내리고 생명의 기운을 뻗어 나간다.

희망은 삶을 살아가는 동력은 재산이나 물질만이 아니다. 삶의 동력은 희망이다. 희망이 없을 땐 세상도 없어진다. 아무리 힘들어도 오늘보다 나은 내일이 있다는 희망이 있다면 삶의 동력은 채워진다. 아무리 돈이 많아도 내일에 대한 희망이 없다면 좌절하고 만다. 희망은 그렇게 삶을 이어주는 에너지와 같다.

현대인들에게 사는 것이란 무엇일까? 너무나 힘들어서 일까? 마음을 편히 내려놓기도 쉽지 않고, 감성도 점점 말라 간다. 동무들의 처진 어깨를 보아도 곁을 내어줄 여유도 없다.

지금 우리에게 필요한 것은 감성의 회복이다. 고통을 나눌 수 있는 감각의 회복이다. 이익을 명분으로 작은 사람들의 고통이 묻혀지고 있는 것은 아닌지, '어쩔 수 없다'는 것을 이유로 '어쩔 수 있는 일'들이 버젓이 벌어지고 있는 것은 아닌지.

함께 나눌 사랑과 내일을 채울 희망이라는 동력이 필요하다.

희망의 동력은 스스로 충전할 수도 있겠지만 서로를 통해 채워 나가기도 한다. 희망을 줄 수 있는 사람, 희망의 메시지가 될 수 있는 사람, 타인의 고통을 받아들이고 함께 나눌 수 있는 감성이라는 감각의 회복이 절실하다.

소를 잃었으면 외양간은 고쳐야죠

"돈이 없어서 졌다, 과외를 받을 수 없어서 대학을 못 갔다, 몸이 아파서 졌다. 모두가 같은 환경일 수가 없고, 각자가 가진 무기 가지고 싸우는 건데 핑계 대기 시작하면 똑같은 상황에서 또 지게 됩니다."

열심히 재미있게 보았던 드라마 〈스토브리그〉의 대사 한 토막이다. 야구가 뭔지도 모르는 사람도 텔레비전 앞으로 끌어들였던 힙한 드라마 〈스토브리그〉.

'스토브리그'란 야구 시즌이 끝나고 다음 시즌을 준비하는 비시즌을 의미한다. 경기 없는 시기지만, 실상은 가장 많은 일이 벌어지는 때이다.

프로팀의 한 단장은 시즌이 끝난 이후부터 시즌이 시작되기 전까지를 '단장의 시간'이라고 하였다. 단장의 역할이 커지는 시간이다. 선수들과 새로운 계약도 하고, 선수 트레이드도 대부분이 이 시기에 이루어진다. 이런 일들이 난로(stove) 옆에서 이루어지기 때문에 '스토브리그'라는 별칭이 붙었다.

새로 들어온 선수들의 훈련이며, 한 시즌 동안 지친 몸을 회복하고, 선수들이 새로운 무기를 가다듬는 것도 스토브리그 동안 해야 할 중요한 일이다. 갈수록 프로세스가 중요해지는 상황에서 다음 시즌 결과는 스토브리그를 얼마나 잘 진행했느냐에 따라서 결정된다.

결과가 중요하고, 결과가 모든 것을 의미하는 세상이다. 하지만 아무리 강조해도 과정보다 결과가 중요할 수는 없다. 일회성 결과로 끝나는 것이 아니라 결과가 다음으로 이어지고, 발전해야 하는 상황에서는 더욱 그렇다. 잘 준비된 과정이 있다면 혹 첫 결과가 좋지 않더라도 다음에서 좋은 결과를 충분히 기대할 수 있다. 토대를 튼튼히 하는 것은 성공을 위한 필요조건이다.

"그래서 지금 소 잃고 외양간 고치라구요?"

"네 고쳐야죠. 소 한번 잃었는데 왜 안 고칩니까. 그거 안 고치는 놈은 다시는 소 못 키웁니다."

시간은 언제나 교훈을 주며 흘러간다. 정말 중요한 것은 지나간 다음에야 깨닫게 된다. 잘못되었다는 것을 깨닫게 되었을 때는 항상 과거이다. 잘못되었다는 것을 알게 되면 바로 고쳐야 한다. 잘못된 것을 알면서도 고치지 않는다면 다시 반복된다. 역사는 그것을 증명해 왔다.

지나간 역사를 상기하는 이유는 역사가 주는 교훈을 성찰하기 위해서이다. 역사는 선택과 결과의 반복이다. 무엇을 선택하든 혹독한 결과 혹은 당연한 결과로 이어진다.

드림즈의 백승수 단장은 신인선수 선발에 부정이 있었던 과거를 꺼낸다. 드림즈 스카우트 고세혁 팀장에게 돈을 건네 이창권 선수가 묻는다.

"다 지나간 다음에 이제 와서 그걸 밝힌들 무슨 소용있습니까"

백승수 단장의 대답은 명쾌하다.

'고쳐야 한다. 고치지 않으면 다시는 소를 못키우게 된다. 소를 잃었는데 외양간을 안 고칠 이유가 없다. 소를 잃고도 가만있는 것이 잘못된 것'이다.

선수들은 야구를 책으로 공부하는 백승수를 비웃지만 그의 말은 깊다.

"남들이 비웃는 게 무서워서 책으로라도 안 배우면 누가 저한 테 알려줍니까? 그런 사람들이 알려줄 때까지 기다릴까요?"

통일 문제도 마찬가지다. 통일 문제는 우리의 문제이다. 세계적인 석학이라고 해도 해답을 줄 수는 없다. 실실마리를 제시할 수는 있어도 답을 줄 수는 없다.

한반도의 평화와 번영이 우리만큼 절실한 사람이 또 있을까?

남들이 뭐라 해도, 우리의 일은 우리가 풀어야 한다. 우리의 생존, 우리의 미래가 걸린 문제다.

"가진 것이 없다", "보잘것없다", "내 일이 아니다"라고 말할 수 있을까.

지금 필요한 것은 건강하고 튼튼한 평화의 프로세스, 한반도 미래로 이어지는 지속 가능한 과정이다. 지금이 바로 한반도 평화 프로세스의 스토브리그, 준비의 시간이다.

해결사 '모모'와 듣기의 윤리

미하엘 엔데의 소설 『모모』는 시간 도둑과 도둑맞은 시간을 찾아주는 어린 소녀 모모에 대한 환타지 소설이다.

주인공 모모는 남루한 옷차림으로 이곳저곳을 떠도는 거지 소녀였다. 아무것도 가진 것 없이 마을 사람들의 도움으로 겨우 잠자리를 구한 모모였다.

하지만 오래 지나지 않아 사람들은 이 소녀를 너무나 사랑하게 된다. 마을에서 가장 필요 없어 보이고 하찮아 보이는 거지 소녀 모모에게 특별한 능력이 있다는 것을 깨닫기까지는 오래 걸리지 않았다.

마침내 해결하기 어려운 일이 생기면 사람들은 "아무튼 모모에게 가 보라"고 말하기에 이르렀다. 그랬다. 사람들은 모모와 함께 있으면 세상의 모든 문제가 해결되고, 예술적 영감도 받을 수 있었다.

모모는 어떻게 사람들의 문제를 해결할 수 있었을까?

모모가 사람들의 모든 문제를 해결할 수 있었던 능력은 '듣기' 였다. 그저 '잘 듣는 것'이었다. 모모는 사람들이 말할 때 말을 가로채지도, 가르치려 하지도, 간섭하지도 않았다. 편견 없이 진심으로 잘 들어주는 능력이었다.

사실 모모가 문제를 해결한 것은 아니었다. 모모 앞에서 사람들은 마음속 모든 것을 털어놓았고, 그 과정에서 자신의 문제를 스스로 찾아 나갔다. 그렇게 모모는 마을 사람들에게 없어서는 안 될 존재가 되었다. 이것이 바로 '듣기의 윤리'다.

'듣기의 윤리'는 정성을 다해 귀를 기울여 듣는 것이다. 온전히 귀를 열고, 집중하여 말하는 사람에게 충분히 말할 수 있도록 마음을 내어 주는 것이다. 모모의 '올곧이 들으려는 태도', 즉 '듣기의 윤리'(ethics of listening)가 사람들에게 잃어버린 행복을 되찾아 주었다.

온전히 듣는 것은 생각보다 어렵다.

조바심이 발목을 잡고, '저 사람이 어떤 말을 할지' 미리 재단하며, '쓸모없는 시간 낭비'라고 생각하기 때문이다. 우리는 다른 사람의 이야기를 들을 때 처음부터 끝까지 아무런 간섭 없이,

아무런 편견 없이 온전히 들어본 적이 있는지 돌아보아야 한다.

'나도 알아', '그건 말이야' 하며 끼어들고, 온전히 말하도록 내버려두지 않는다. 상대가 말을 하려고 하면, '무슨 말을 하려고 하는지 안다.'고 생각한다.

상대의 말을 있는 그대로, 간섭 없이, 가르치려 하거나 설명하려 하지 않고 들어 본 경험이 있는가? 돌아보면, 잘 듣기가 얼마나 어려운 일인지 실감할 수 있다.

소설 『모모』가 여전히 사랑받는 이유는 간단하다.

우리 사회에서 '온전히 듣는 윤리'가 여전히—아니, 더욱더—절실하기 때문이다.

인간은 누구나 이야기하고 싶은 욕구가 있다. 알고 있는 것을 말하고 싶고, 내가 옳음을 드러내고 싶다. 말하는 것을 통해 존재를 확인받고, 알리고 싶어 한다.

어떤 이슈가 나오면 온갖 말이 SNS를 통해 넘쳐난다. 각자의 시선과 경험으로 이야기를 쏟아낸다. 자기 말이 중요하다고, 자기 말이 중요하다고 목소리를 키운다.

폭력적인 말이며 욕설도 스스럼없이 내뱉는다. 조금 더 귀를 기울이면 사실을 가릴 수 있는 뻔한 가짜뉴스도 넘쳐난다. 이건 말하기나 대화가 아니다. 언어적 '배설'일 뿐이다. 자기 입으로

차마 담기 어려운 말을 대신하여 욕망을 배설하는 것이다.

욕망으로서의 말하기와 배설로서의 듣기가 아니라, 경청과 존중의 말하기가 필요하다.

사람들은 '모모'의 경청을 통해 자신을 성찰했다. 성찰은 곧 새로운 출발이다. 새로운 출발은 건강해야 한다. 건강한 출발이 건강한 삶, 건강한 사회를 만든다.

우리가 역사를 성찰하고 되짚는 이유도 마찬가지다. 과거는 '그대로의 사실'이 아니다. 과거는 기억하는 현재의 사실이다. 과거는 현재와 단절된 것이 아니라, 현재를 통해 끊임없이 재구성되는 현재이자 미래이다. 과거는 미래의 어떤 시점에서 다시 현재가 되어 기억될 것이다.

기억은 과거라는 실체적 텍스트를 넘어, 현재에서 과거를 사회적 기억으로 재구성하는 '재-구성-하기'(re-member-ing)의 과정이다.

기억이 사실을 담는 그릇을 넘어 의미를 생산하는 도가니가 되기 위해서는, 무엇보다 '듣기의 윤리'가 절실하다.

대화의 율격과 공손

청소년이 욕설을 많이 사용하는 이유는 정서적 불안정이나 도덕성 부족 때문이 아니다. 기성세대가 '욕'을 하지 않기 때문이다. 청소년들이 기성세대와 구분 짓기 위한 전략으로 '욕'을 선택하는 것이다. 기성세대가 쓰지 않는 '욕'을 사용하면서, 기성세대와 다르다는 차별화를 시도하는 것이다.

성인들에게도 비교적 자유롭게 '욕할 수 있는 공간'이 열리는 때가 있다. 고향 친구들의 모임이나 초등학교 또는 중고등학교 모임이다. 이때 욕은 친밀함의 증표가 되고, 공동체적 소속감을 확인하는 언어가 된다.

언어는 단지 나의 의사를 드러내거나 생각을 담는 그릇만이 아니다. 언어의 기능은 다양하다. 언어는 세계를 규율하고, 행동을 지배하며, 상대와의 관계를 구성하거나 권력관계를 드러낸다. 그렇기에 언어를 사용하는 환경이 달라지면 언어 전략도 달라지는 것이다.

청자의 인지 환경(cogintive environment)이 달라지면 언어는 새로운 전략을 구사한다. 고등학교에서 욕이 없으면, 대화가 안 될 정도로 욕을 많이 하던 학생이라도 대학에 들어가면 욕을 잘하지 않는다. 갑자기 철이 들었거나 도덕성이 높아졌기 때문이 아니다.

대학에서는 욕을 통해 정체성을 확인하지 않는다. 대학에서 욕설은 성숙하지 못한 태도, 즉 '아직 고딩 티가 나는' 행위로 해석된다. 환경이 달라지자 언어 선택 역시 전략적으로 조정하는 것이다.

대화에서는 발화와 해석이 필요하다. '말'하는 것도 중요하지만, 못지않게 '해석'도 중요하다. 발화자의 메시지는 청자의 인지 환경에 따라 달리 해석된다. 해석은 말하는 사람의 몫이 아니다. 내가 하는 말이 어떻게 해석될 것인지는 고정되어 있지 않다. 언어 행위는 발화자의 언어가 갖는 명제적인 의미와 문장이 발화된 맥락이 종합적으로 고려되어 해석된다.

같은 말이라도 청자의 인지 환경, 공유된 배경지식, 문화적 맥락에 따라 전혀 다른 의미로 해석될 수 있다. 대화에서 오해가 발생하는 이유이다.

언어철학자 허버트 폴 그라이스(Herbert Paul Grice)는 사람들이 효과적이고 효율적으로 의사소통하기 위해 따르는 암묵적인 규칙으로 '대화의 원리(Cooperative Principle)' 네 가지를 제시하였다.

첫째, 양의 격률(Maxim of Quantity)이다. 대화에서는 '너무 많지도, 너무 적지도 않게 필요한 만큼만 말하라'는 원칙이다.

둘째, 질의 격률(Maxim of Quality)이다. '거짓이라고 믿는 것을 말하지 마라', '증거가 없는 말을 하지 마라'는 원칙이다.

셋째, 관계의 격률(Maxim of Relation)이다. '대화의 주제와 관련 있는 말만' 하라는 것이다.

넷째, 방법의 격률(Maxim of Manner)이다. 명확하고 간결하게 말하라는 것이다. 모호하거나 중의적인 표현을 피하고, 순서를 명확히 하여 혼란을 피하라는 원칙이다.

이성범은 『소통의 화용론: 커뮤니케이션에 대한 화용적 접근』(한국문화사, 2016)에서 의사소통을 '의사소통에 관여하는 구성 요소와 이 요소들의 관계로 이루어지는 하나의 체계'로 설명한다.

의사소통은 '일종의 기술(skill)로서 상대방을 설득하기 위해서 화법을 다듬는 것이 중요'하다는 수사학적 관점으로 해석하였는데, 사회문화적 관점에서는 의사소통을 '사회 질서(Social order)를 재생산'하는 것으로 본다는 것이다. 인간이 만들어낸 규범이나 관습, 제도 등은 의사소통의 산물이고, 이 산물을 끊임없이 재생산된다는 관점이다.

대화에서 주고받는 정보나 메시지는 이미 굳어진 의미를 가지고 소통되는 것이 아니라 그 대화에 참여한 사람들 사이에서 상호작용 한다. 이때 대화의 의미가 새롭게 창조되거나 재해석될 수 있다는 것이다. 청자는 화자의 의도를 그대로 받아들일 수도 있지만, 때로는 전혀 다른 방식으로 재해석하기도 한다. 그럴 때 화자가 "틀렸다", "무식하다"고 질책하는 것은 진정한 의사소통이 아니라는 것이다.

대화에는 '겉으로 드러나는 문장만이 아니라 함축된 의미를 포함해서, 화자가 그 일을 진심으로 바라면서 그 발화를 해야 요청 행위가 성립한다'는 성실성의 조건과 "'무례하다'고 믿는 표현은 최소화하고, '공손하다'고 믿는 표현은 최대화하라"는 공손의 원리가 필요하다.

지금 한국 사회는 갈등이 깊어지고 있다. 모두가 '대화'를 말하지만, 중요한 것은 대화를 '한다'는 사실 자체가 아니라, 격률과 공손의 원리가 작동하는 대화, 즉 서로의 인지 환경을 고려하고, 의미를 함께 만들어가는 대화이다.

제5부
통일이 불편한 세대

왜, 학교에서 배우는 통일 교육은 재미가 없을까?

문학평론가 오창은 선생은 "왜 학교에서 배우는 문학은 재미가 없을까요?"라는 질문에 이렇게 답한다.

> 아무리 좋은 문학 작품도 시험을 위해 외워야 하는 것이라면, 힘든 일로만 다가올 겁니다. 강렬한 느낌을 받는 것과 강력한 느낌을 받아야 한다고 강요당하는 것은 다르지요. 소설 속 이야기에는 스스로 빠져드는 것과 시험을 보기 위해 소설의 이야기를 익혀야 하는 것은 차이가 있습니다.[5)]

문학을 '읽는 것'과 '배우는 것'의 '차이'라는 설명이다.

문학은 읽고 즐기는 것인데, 시험에 나오게 되면 즐기는 것이

5) 오창은, 『10대에게 권하는 우리 문학』, 글담출판, 2025, 11쪽.

아니라 학습이 되어 버린다는 것이다. 낚시를 몹시 좋아하는 의사가 직업을 바꿔 낚시를 생업으로 삼는다면 어떻게 될까. 그다지 재미없는 일상이 될 것이다.

또 다른 이유로 '작품을 선정하는 기준이 다르기 때문'이라고 말한다.

> 학생들에게 가르치기에 적합한 문학 작품은 문학의 미적 기능, 인식적 기능, 윤리적 기능에 적합해야 합니다. 미적 기능은 아름다움을 체험할 수 있어야 한다는 것을 말하고, 인식적 기능은 새로운 사실에 대한 깨달음을 얻을 수 있어야 한다는 것을 말합니다. 윤리적 기능은 사회적으로 올바른 삶을 알아 가도록 해야 한다는 것을 말하지요.[6)]

교과서에서 배우는 문학은 교육이라는 기능에 맞는 작품을 선별하기 때문이라는 것이다. 즉, 교과서에서 배우는 문학은 '교육'이라는 목적에 맞는 작품만을 선별하기 때문이다.

세상은 굴곡지고 다양하다. 문학 역시 아름다움을 추구하는 과정에서 때로는 윤리적 기준에 맞지 않는 세계를 그리기도 한다. 하지만 교과서에 수록될 작품은 그럴 수 없다.

---

6) 오창은, 『10대에게 권하는 우리 문학』, 글담출판, 2025, 19쪽.

삶에 선(善)이 있으면 악(惡)도 있고, 아름다움이 있으면 추함도 있다. 그러나 교과서 속 문학 작품은 '선한 세계'와 '아름다움'만을 중시한다.7)

굴곡진 삶이 없다면, 인생은 재미없다. 〈춘향전〉이 민족 고전으로 살아남은 것은 재미가 있기 때문이다. 무엇이 재미를 만들까? 굴곡이다. 춘향이 이도령을 만나 부모 허락까지 받아 순탄하게 결혼했다면 재미가 있었을까?

전혀 그렇지 않다. 아름다운 사랑과 감당하기 힘든 굴곡이 함께 있기 때문이다.

역사 인물 중에서 드라마로 만들면 가장 재미없는 인물은 이율곡일 것이라고 한다. 태어날 때부터 똑똑했다. 천재였다. 아홉 번의 과거에서 모두 장원을 차지했다. '넘사벽'이며 '낫닝겐(인간 차원을 뛰어넘는 존재)'이다.

반면 이순신의 이야기가 시대를 넘어 다양한 스토리로 재탄생하는 건 단순히 '구국의 영웅'이어서가 아니다. 그의 인생이 너무 굴곡졌기 때문이다.

수군의 최고 자리에서 하루아침에 백의종군하였다. 해군 참모총장에서 이등병으로 강등되었다. 견딜 수 있는 수모였을까? 전

7) 오창은, 『10대에게 권하는 우리 문학』, 글담출판, 2025, 20~22쪽.

장에서 아들도 잃었다.

‘이기면 장군, 지면 역적’이라지만, 이긴다고 해도 선조의 투기에 가까운 질투 속에 살아남는다는 것을 기약하기 어려웠다. 그래도 질 수는 없는 전장이었다. 이순신의 생애에 스며든 질곡과 마디들이 그의 삶을 스토리로서 가치 있게 만든다.

학교에서 이루어지는 통일 교육이 재미없는 이유도 같다. 질곡이 없다. 당면한 많은 문제가 분명히 있을 텐데도, 문제는 드러나지 않는다.

수많은 문제는 소거된 채, ‘좋은 것’만 전달된다.

통일이 되면 좋기만 하다.

통일은 이렇게 좋은데, 하지 않을 이유가 있을까요?

그렇게 묻는다.

정말 그런가?

그렇다면 왜 안 되는가?

“우리는 하려고 하는데… 저기 북한이…”라고 답할 수밖에 없게 된다.

북한에서도 급식체를 쓰나요?

초·중·고 학생들은 물론 대학생들조차 통일이나 북한 문제에 깊은 관심을 보이지 않는다. 어떤 학생들은 일본이나 중국보다 북한에 대해 더 관심이 없다고 한다. 뿐만 아니라 통일이라고 하면, 감정적으로 불편해하기도 한다.

'굳이 북한을', '굳이 북한과'

한반도에서 휴전선을 마주하고 있는 상황에서 북한을 따로 떼어놓고 생각할 수 없다. 지리적으로 멀리 떨어져 있으면 몰라도 물리적인 국경을 마주하고 있고, 한반도 문제와 연관되어 있다.

직시해야 한다.

있는 그대로의 확인이 필요하다. 통일이든 대북정책이든 최소한의 정보 역량을 갖추어야 한다.

남한에서 북한을 이해하는 방식은 고정되어 있다. 변하지 않는 북한이다. 반은 맞는 말이다. 변하지 않는 것도 있고, 변하는 것도 있다. 변하지 않는 다고 해서 변화가 거짓이거나 진실하지 않은 것은 아니다.

어떤 사회든 예전과 꼭 같은 사회는 없다. 변화의 흐름은 전지구적이고, 북한도 예외일 수 없다. 다만 상대적일 뿐이다. 변화의 속도, 변화의 정도가 변화라고 할 만한 기준에 충족하느냐 않느냐의 문제이다.

역설이다. 통일을 이야기하면서 '공통성'을 찾는다. 남북의 생활 문화는 80년 동안 소통없이 지났다. 달라졌는데도, 같은 것을 애써 찾는다. 그러면 별로 없다.

관점을 바꾸어야 한다. 요즘 세대의 눈높이에서 공통점을 발견하는 방식이 필요하다. 쌍꺼풀 수술을 한다든가, 휴대폰을 사용한다든가, 북한에서도 유학을 간다, 과외를 한다는 점 등은 공통점이다.

일상생활의 관점에서 보면 작은 것이 중요하다. 통일 관련 강의에서는 늘 '생활 속 공통성'을 중심 키워드로 삼으려 한다. 주부들을 대상으로 할 때는 북한의 요리 방송, 북한의 뷰티 트렌드

등이 주요 주제가 된다.

남북 사이에서 공감대는 비슷한 직업군이나 비슷한 또래 사이에서 더 크게 형성된다. 그렇다면 청소년들에게도 북한 청소년들의 이야기가 더 큰 공감을 줄 수 있다.

가장 곤란했던 질문 중 하나는 "북한에서도 급식체를 쓰나요?"였다. 질문 자체를 이해하지 못해서 당황스러웠다. "북한에서도 온라인 게임을 하나요?"와 같은 질문도 마찬가지다. 이런 질문은 북한의 또래 친구가 직접 이야기해 줄 수 있다면 훨씬 좋을 것이다.

중요한 것은 '팩트에 대한 탐구'이다. 이를 위해서는 충분한 교육이 필요하며, 통일 교육 현장에서 일하는 분들의 전문성이 확보되어야 한다.

교육은 일방적인 지식 전달이 아니라, 충분한 사유가 오가는 장이 되어야 한다. 통일 교육이 단순한 정책 수단이나 정보 전달로 전락해서는 안 된다. 이를 위해 역량 있는 교사의 양성이 절실하다.

현재 통일 교육 현장에서 활동하는 사람들도 적절한 교육과 교재가 부족한 현실이다. 교재개발과 교사 역량 강화를 위한 지원이 절실하다.

어떤 생각이든 존중해야 한다. 학생들의 생각은 결국 어른들의 생각이 반영된 거울이다. 대화는 가장 중요하다. 우선 학생이 어떤 근거에서 그런 생각을 하게 되었는지 조용히 들어보는 태도가 필요하며, 그 생각을 존중해 주어야 한다.

자유민주주의에서 자기 생각을 표현하고, 문제를 인지하고, 지혜를 모으는 것이 바람직하다.

포스트 분단세대

분단을 직접 혹은 간접적으로 체험한 세대에게 통일은 너무도 당연한 문제였다.

광복과 분단, 전쟁을 직접 겪었거나 그 고통을 가까이서 느낀 세대에게 통일은 재론의 여지 없이 주어진 역사적 과제이자 숙명이었다. 통일문제는 묵직한 민족적 과제로 여겨졌고, 비판하거나 문제 삼기 어려운 분위기가 존재했다.

그러나 분단을 경험하지 못한 세대, 즉 포스트 분단세대에게 통일은 낯선 주제이다. 이들에게 대한민국은 태어날 때부터 '휴전선 이남'의 나라였다. 광복과 분단은 교과서 속 역사일 뿐이며, 할머니와 어머니가 들려준 이야기는 전설처럼 느껴진다. 어머니 세대가 임진왜란이나 병자호란을 감각적으로 이해하지 못하듯, 포스트 분단세대에게 전쟁이나 독재는 머리로 배우는 것이지 가

슴으로 체험되는 사건이 아니다.

이제 통일은 더 이상 '민족적 과제'라는 말만으로 설득되지 않는다. 경제적 통일담론이 힘을 얻는 이유도 이 때문이다. 경제적 이익이라는 설명은 현실적이고 생활과 연결된다. 숙제 같은 압박감도 없다.

통일의 의미를 설득하기 위해서는 가치의 차원에서도 설명이 필요하다. 분단 구조로 인해 제한되었던 사고의 지평을 확장하고, 다양한 시각으로 세계를 이해할 수 있는 정신적 성숙의 과정이라는 가치를 제시할 수 있어야 한다.

"왜 통일을 해야 하는가"라는 질문에 답해야 할 시점이 도래했다. 휴전선을 맞대고 살아가는 남북은 이제 공존 혹은 통일의 대상으로서 서로를 인식해야 한다. 통일이 아니어도 좋다. 휴전선이라는 특수한 상황 속에서 함께 살아가는 현실을 위해서라도 콘텐츠는 필요하다. 북한은 지구 반대편에 있는 먼 나라가 아니다.

한편에서는 전쟁을 끝내지 않은 채 대치하고 있고, 다른 한편에서는 개성공단을 통한 경제협력도 경험했다. 남북은 긴 역사를 공유해 왔고, 언어와 정서를 함께해 온 민족이며, 현실적 이해관계가 밀접하게 연결되어 있다. 따라서 남북관계를 효율적으로 관리하고 통일시대를 대비하기 위해서는 어떤 가치와 내용으로 준비할 것인지 고민해야 한다.

'통일콘텐츠'는 통일시대를 대비하기 위한 콘텐츠이다. 북한을 이해하고 통일의 가치를 창출하는 일은 곧 대한민국 국익과 직결된다. 이해관계가 존재한다면 국익을 극대화하기 위해 충분한 정보가 필요하다.

북한을 잘 알지 못하거나 적대적 공존 속에서 남북 모두 직접적·간접적 피해를 겪어 왔다. '코리언 리스크'라는 이름으로 표현되는 한반도 정세 불안은 경제적 손실을 가져왔고, 전쟁의 상처와 고통은 여전히 남아 있다.

천만 이산가족의 아픔도 계속되고 있다. 한반도 북측 지역을 사용하지 못함으로써 발생하는 물류 비용, 남북이 적대적이지 않았다면 가능했을 경제적 기회 상실도 크다.

물리적 피해뿐 아니라 정신적 비용도 막대하다. 냉전적 분단 구조가 만들어낸 불필요한 갈등 비용은 눈에 보이는 피해를 넘어 사회 전반의 건강성에 악영향을 미친다. 남북의 적대가 지속되는 한 이러한 비용은 줄어들지 않는다. 더구나 사회적 갈등이 치유되지 않고 화해의 방법을 배우지 못한다면, 통일 과정과 통일 이후의 사회통합은 더욱 어려워질 것이다.

국익 차원에서 보자면, 이러한 비용을 계속 감당할 이유는 크지 않다. 얻을 수 있는 이익을 포기한 채 고비용의 분단 체제를 유지할 이유도 많지 않다. 반드시 통일이 아니어도 상생 구조로 전환될 필요는 충분하다.

통일콘텐츠는 통일이라는 결과를 강요하기 위한 것이 아니다. 통일은 결과보다 과정이 중요하다. 국민들 역시 불필요한 비용을 감수하면서까지 통일이라는 결과만을 위해 움직이기를 원하지 않는다. 통일은 이제 '필수'에서 '선택'의 영역으로 이동하고 있다.

선택을 강요하는 방식의 통일운동은 국민적 지지를 얻기 어렵다. 국민의 지지를 얻지 못한 통일은 추진 동력을 확보할 수 없다. 다시 말해, 통일에 대한 지지는 의무나 윤리가 아니라 '선택의 문제'가 되고 있다. 국민적 동력 없는 통일이 평화적 분단보다 더 낫다고 단정할 수는 없다.

'시간'의 격차

통일의식이 약화되고 있다는 점은 여러 조사에서 반복적으로 확인된다. 그렇다면 통일의식은 왜 약해지고 있을까. 정치적 무의식, 통일에 대한 무관심 등 다양한 이유가 제시되었다.

이유의 하나로 '시간'에 대한 인식 차이가 있다. 시간을 인식하는 방법은 크게 세 가지로 구분할 수 있다고 한다. '일상적 시간', '역사적 시간', '우주적 시간'이다.

'일상적 시간'은 개인이 직접 인지하고 기억하는 시간이며, '역사적 시간'은 현재와 직·간접적으로 연결된 부모·조부모 세대의 경험을 통해 체감하는 시간이다. '우주적 시간'은 특별한 학습과 인식을 통해서만 이해할 수 있는 거시적인 시간이다.

분단을 직접 경험한 세대에게 통일은 일상적·역사적 시간의 연장선에서 너무도 자연스럽고 당연한 과제였다. 광복, 분단, 전쟁은 그들의 삶을 규정한 사건이었고, 통일은 이러한 역사적 상처를 회복하는 '민족적 숙명'으로 자리 잡았다. 통일을 향한 기대는 사회적 상식이었으며, 여기에 문제를 제기하는 것은 곧 공동체적 가치에 반하는 행위로 여겨졌다.

하지만 포스트 분단세대에게 시간은 전혀 다른 방식으로 흘렀다. 이들에게 대한민국은 태어난 순간부터 휴전선 이남의 안정된 사회였고, 광복과 전쟁은 교과서에서 배우는 '지식의 시간'으로 존재했다. 조부모 세대의 전쟁 경험은 먼 설화처럼 들릴 뿐, 감각적으로 체험될 수 없는 사건이다. 전쟁·독재·분단의 정서는 세대적 기억에서 멀어졌고, 통일은 그만큼 긴급성을 잃게 되었다.

이러한 세대적 거리감 속에서 전통적 통일담론—'민족적 과제', '역사적 소명'—은 설득력을 잃는다. 대신 통일의 필요성을 경제적 이익으로 설명하는 접근이 힘을 얻는다. 경제는 생활세계와 직접 연결되어 있고, 민족적 서사보다 체감 가능하다는 점에서 현실적 설득력을 갖기 때문이다.

그러나 경제적 논리만으로는 통일의 가치를 온전히 설명하기 어렵다. 분단의 구조가 만들어낸 사고방식을 넘어, 세계를 다르게 바라보는 정신적 성숙으로서의 통일 가치가 재정립되어야 한다.

오늘날 "통일을 왜 해야 하는가"라는 질문은 회피할 수 없는 물음이 되었다. 통일을 목표로 하지 않더라도, 남북은 분단 상태에서 긴밀하게 얽혀 있는 '특수한 관계'로 살아간다. 북한은 먼 나라가 아니라 70년 너머 정전 상태로 맞닿아 있는 현실적 존재이다.

따라서 통일시대를 준비하기 위해서는 남북 관계를 어떤 가치로 바라보고, 어떤 내용으로 설계할 것인지에 대한 구체적이고 성찰적 준비가 필요하다.

경험은 공유되지 않는다

숙제는 즐겁지 않다. 통일이 미래 세대를 위한 일이라고 해도, 통일이 달갑지 않은 이유가 여기에 있다.

한반도 분단 문제는 이제 포스트 분단 세대의 몫이 되었다.

분단 1세대와 2세대를 가르는 기준은 경험의 차이다.

분단 1세대란 광복과 분단의 과정을 직접 경험한 세대, 왜곡된 분단 구조로 인해 발생한 정치·사회적 모순을 직접 체험한 세대까지를 포함한다.

분단 2세대는 분단을 간접적으로 경험한 세대를 의미한다. 새로운 세대의 등장은 새로운 방식의 접근을 요구한다. 이제 한반도 분단은, 분단의 경험을 체험하게 하고 분단 의식을 물려주는 방식이 아니라, 새로운 가능성을 열어 주는 통일 담론을 준비해야 할 때가 되었다.

한반도 분단을 경험한 분단 1세대들은 참으로 치열하게 살아왔다. 광복의 기쁨도 잠시, 남북 분단이라는 엄혹한 현실 속에서 생존을 위해 몸을 아끼지 않고 일해야 했다. 먹고 살 수만 있다면 몸뚱아리는 그리 중요하지 않았다. 누군가의 희생이 당연하게 칭송받던 시절이었다.

아버지는 국가를 위해 희생했다. 먹고살기 위해 머나먼 전쟁터로 나가 열사의 땅에서 피와 땀을 흘려 달러를 벌었다. 먹고 살기 힘들어진 가족을 바라보며 누이는 공장으로 흘러 들어갔다. 밥 먹는 입 하나 줄이기 위해 공장에 간 누이들은 배고픈 동생을 위해, 공부해서 집안을 일으켜야 한다는 기대를 짊어진 오빠와 남동생을 위해 자신의 삶을 희생했다.

세계 최악의 빈곤국가였던 대한민국은 피와 땀으로 삶을 이어갔다. 이념의 색깔을 따지기 전에 살아남는 것이 최선이었다. 민주주의는 배부른 나라의 이야기였다.

삶의 터전을 빼앗기지 않는 것이 최고였고, 배부르게 해주는 지도자가 최고의 지도자였다. 삼시 세끼만 보장된다면 어느 정도 자유를 구속당해도 큰 문제가 되지 않는 것처럼 여겨졌다. 나라를 지킬 울타리가 튼튼하고 곳간에 양식이 쌓여 있는 나라가 이상이었다. 민주국가의 시민이라기보다, 성군이 다스리는 나라의 백성으로 살고자 하는 소망이 더 컸다.

분단이나 전쟁을 직접 경험하지 못했지만, 아버지 세대의 경험을 간직한 86세대에게도 분단의 그늘은 깊었다. 이 세대는 분단 구조로 인한 사회적 모순을 직접적으로 경험했다. 분단 구조는 어느새 우리의 인식을 잠식했고, 사물을 분단의 관점으로 바라보는 데 익숙해지게 만들었다.

'나와 다른 생각'과 '나와 다른 사람'이 있는 것이 아니라, '나와 틀린 생각', '나와 틀린 사람'이 존재했다. 사람들은 '다르다'는 것을 배우지 못하고 '틀리다'는 것만 배웠다. 이념은 그렇게 다양한 생각의 싹을 잘라냈다.

정당한 주장과 논리조차도 이념의 잣대로 평가받았다. 어떤 주장이 논리적인지는 중요하지 않았다. 어느 편인가가 더 중요했다. 우리 편이라고 생각되면 논리가 어떻게 되든 큰 문제가 되지 않았다.

'질서', '국민통합'이라는 이름으로 행해진 국가폭력은 위압적이고 폭력적이었지만, 국가라는 이름 아래 정당화되었다. 무자비한 국가폭력에 무기력한 시민들이 쓰러져도 국가는 냉담하거나, 혹은 돈으로 문제를 봉합하려 했다. 짧은 민주주의의 역사와 고도 경제성장이 이룬 사회적 풍요에 어울리지 않는 패션이었다. 성숙된 시민의식은 경제발전의 신화 속에 주변으로 밀려났다.

하지만 1980년 이후에 태어난 세대, 이른바 88서울올림픽 세대의 경험은 이전 세대와 결이 다르다.

단군 이래 최초의 국제행사라는 올림픽을 개최하면서 해외여행 자유화가 시작되었고, 사람들은 외국에서 '한국'을 바라보는 시선을 배우게 되었다. 한반도 문제를 보다 객관적으로 바라볼 수 있는 계기가 마련된 것이다. 이후 세대에게 한반도 분단은 온전히 교과서 속 이야기가 되었다.

세대의 체험은 다른 세대의 체험과 공유되지 않는다. 분단의 기억도 마찬가지다. 분단 세대의 체험은 공유하고 싶어도 공유하기 어렵고, 나누고 싶어도 나누어 가질 수 없다. 이것이 세대차이라는 말이 존재하는 이유다.

같은 공간, 같은 시간에 살고 있어도 인식은 공유되지 않는다. 현대사회를 살면서도 봉건적인 사유를 하는 사람이 여전히 존재하는 이유도 그 때문이다. "아직도 저런 사람이 있을까?"라는 생각이 드는 것도 같은 맥락이다.

분단 세대의 경험은 공유하고 싶어도 공유할 수 없고, 나누고 싶어도 나누어 가질 수 없다.

30대 이하 세대에게 분단, 이념 갈등, 전쟁은 철저히 간접 경험의 영역이다. 전쟁 세대는 온갖 방식으로 '6·25'의 경험을 나누고 싶어 하지만, 그 체험은 결코 온전히 전달되지 않는다. 아버지 세대가 할아버지 세대의 태평양전쟁 체험을 공유하지 못하고,

그 이전 세대가 임진왜란의 체험을 공유하지 못했던 것처럼….

거리에서 사진전시회를 열고, 반공영화를 만들어 상영한다고 해서 체험이 공유되는 것은 아니다. 그렇게 '주입된 기억'은 오래 가지 못한다. 몸으로 체화되지 못하기 때문이다.

역사 속에서 기억은 체감되지 않으면 쉽게 휘발된다. 방금 전에 TV에서 내일 날씨 예보를 보았어도, 금세 잊어버리는 이유가 바로 여기에 있다. 경험과 관심이 직접적이지 않기 때문이다.

'6·25'를 소재로 한 영화 〈포화 속으로〉가 수백만 관객을 동원했다고 해서, 그만큼의 전쟁 경험이 공유되지 않는다.

단언하건대 청소년에게 〈포화 속으로〉의 기억은 아이돌 탑(TOP)이나, 전쟁광으로 묘사된 차승원의 이미지로 남을 가능성이 크다. 이 영화는 그들에게 민족 분단과 전쟁의 상처라기보다 한 편의 전쟁·액션 영화로 기억될 뿐이다. 영화 기억이 오래가지 않는 이유는 현실 체험이 아니기 때문이다. 영화가 끝나고 영화에 대한 기억이 얼마나 오래갈지 궁금하다면 영화를 본 청소년들에게 물어보아도 좋다. 청소년들에게 있어 〈포화 속에서〉는 민족의 분단, 전쟁의 아픔과는 상관없다. 한 편의 전쟁영화, 액션영화로 기억될 뿐이다. 영화에 대한 기억이 오래가지 않은 것은 현실 체험이 아니기 때문이다.

반면 〈도가니〉나 〈돈 크라이 마미〉는 훨씬 더 현실 체험에 가까운 영화로 다가온다. 이 영화들이 다루는 학교폭력·성폭력 문제는 청소년들이 실제로 마주할 수 있는 현실이기 때문이다. 분단 세대에게 분단과 전쟁이 현실이라면, 지금 청소년들에게는 학교폭력과 성폭력이 현실이다. 경험은 이렇게 각자의 방식, 각자의 기억으로 저장된다.

좋은 것도 일이 되면 피곤하다

냉장고 문만 열면 먹을 것이 가득하고, 과체중과 비만이 현대병이 된 세대에게 굶주림과 고통은 먼 나라 이야기다. 부모 세대가 겪었던 굶주림보다, 아프리카나 아시아 빈국을 여행하면서 잠깐이나마 목도한 가난이 더 현실적으로 다가온다.

분단을 경험한 세대가 애써 분단과 전쟁의 체험을 나누려고 하지만, 경험은 공유되지 않는다. 세대 간의 간극도 쉽게 메워지지 않는다.

경험의 무게가 다르기 때문이다.

'뮤직뱅크' 관객과 '가요무대' 관객의 감성이 같을 수 없듯, 같은 공간에 산다고 해서 같은 경험을 갖는 것도 아니고, 같은 사건을 겪었다고 해서 같은 방식으로 기억하는 것도 아니다.

그렇다면 어떻게 해야 할까. 통일에 대한 즐거운 경험을 만들어야 한다.

통일에 대한 감성의 회복은 과거 경험의 반복과 재현만으로는 불가능하다. 통일에 대한 구체적이고 긍정적인 경험을 체험할 때, 비로소 통일에 대한 '욕망'이 생겨난다.

아름다운 정원을 바라보며 조용히 명상하는 시간을 즐기던 노인이 있었다. 어느 날 동네 개구쟁이들이 그의 정원으로 몰려와 노래를 부르고 말놀이를 하며 신나게 뛰어놀기 시작했다. 정원에서의 고요한 즐거움은 하루아침에 깨졌다.

'어떻게 하면 아이들을 조용히 물러나게 할 수 있을까?'

화를 내며 쫓아낼까, 담장을 더 높게 쌓을까 고민하던 신사는 아이들을 불러 이렇게 말했다.

"얘들아, 너희들이 내 정원에서 뛰어노는 걸 보니 나도 너무 즐겁구나. 그래서 너희에게 1달러씩 주겠다."

아이들은 깜짝 놀랐다. 정원을 어지럽힌다고 혼이 나기는커녕, 신나게 논 대가로 돈까지 준다니 횡재였다. 아이들은 더 열심히, 더 신나게 놀았다.

며칠이 지나자 신사가 다시 말했다.

"얘들아, 미안하구나. 내가 요즘 돈이 부족해서 1달러를 줄 수 없게 되었단다. 그래서 오늘부터는 50센트밖에 줄 수가 없겠다."

아이들은 여전히 정원에서 뛸 수 있고 50센트도 받을 수 있었다. 그러나 아이들의 반응은 달라졌다.

"안 할래요. 하루 종일 뛰어놀고 50센트라니, 너무한 거 아니에요?"

아이들은 하나둘 정원을 떠났다. 신사는 다시 조용한 정원을 되찾았다. 아이들은 여전히 정원에서 놀 수 있었고, 여전히 돈을 받을 수 있었지만 떠나갔다. 왜일까? 노는 것이 '일'이 되었기 때문이다. 예전에는 그냥 즐겁게 놀던 공간이었지만, 이제는 '대가를 받기 위해 해야 하는 일터'가 되었기 때문이다.

아무리 즐겁던 일도 '과제'가 되고, '숙제'가 되면 싫증이 난다. 낚시를 무척 좋아하는 의사가 있었다. 그는 시간이 날 때마다 낚싯대를 만지작거리며, 언젠가 몇 날 며칠이고 낚시만 하며 살고 싶다고 꿈꾸었다. '낚시만 하면서 살 수 있다면 얼마나 행복할까?' 상상도 했다.

그러나 낚시를 정말 '직업'으로 삼는다면, 과연 지금만큼 행복할 수 있을까? 그렇지는 않을 것이다. 우리 속담에 '잘하는 일도 멍석 깔면 안 한다'는 말이 있다. 멍석은 곧 공식성과 의무를 상징한다. 즐기는 일과 그것을 직업으로 삼는 일은 전혀 다른 문제다.

자발적으로 즐기던 일이 의무와 과제가 되는 순간, 내적 동기는 사라지고 외적 동기만 남는다. 이때 사람은 쉽게 지치고 싫증을 느낀다.

오늘날 통일 문제가 바로 이 지점에 서 있다. 통일에 대한 내적·자발적 동기가 약해진 것이다. 분단이란 원래 하나였던 것이 갈라져 나갈 때 성립한다. 분단을 체험한 세대에게 통일은 필연적인 과제이겠지만, 태어날 때부터 분단국가에서 자란 세대에게 '분단'은 실감 나지 않는 개념에 가깝다.

포스트 분단세대에게 통일은 분단 세대로부터 물려받은 '숙제'일 뿐이다. 통일은 외부에서 주어진 의무로만 존재하고, 스스로 이루고자 하는 내적 욕구가 없다. 이들에게 통일은 "통일이 되면 나에게 어떤 혜택이 돌아오느냐", "통일비용과 통일편익이 얼마냐"라는 계산의 문제로 다가오기 쉽다. 보다 구체적인 대가와 분명한 보상이 보이지 않으면, 통일에 집중해야 할 이유를 찾기 어렵다.

분단 2세대를 위한 통일 논의는 한반도 현실에 대한 성찰에서 출발해야 한다. 한반도 문제로 인해 형성된 왜곡된 의식 구조가 우리 삶을 어떻게 오염시켜 왔는지 돌아보아야 한다. 남북을 가르는 분단의 장벽은 단지 군사분계선이라는 물리적 장벽만이 아니다. 인식의 장벽이 한반도 북쪽과 대륙으로 향한 마음의 문을 닫아버렸다.

지구온난화로 북극의 얼음이 녹으면서 새로운 항로가 열렸다. 북극을 가로질러 유럽으로 이어지는 뱃길이 열린 것이다. 길이 열리면 생각이 열린다. 새로운 길을 가게 되면 새로운 것을 보게 된다. 길은 곧 생각이다.

한반도에서도 마찬가지다. 길을 열고, 생각을 열고, 통일에 대한 즐거운 경험과 새로운 경험을 나누어야 한다. 그래야만 생각이 열리고, 한반도 미래 구상을 새롭게 펼쳐갈 수 있다.

열차 타고 유럽 갈래? 유럽 가서 열차 탈래?

'열차 타고 유럽까지 갈 수 있다'

통일 교육 현장에서 흔히 사용하는 예이다.

한반도를 관통해 시베리아를 지나 유럽 곳곳으로 이어지는 노선을 상상하면 즐겁다. 유럽뿐 아니라, 베링해 해저터널이 개통된다면 미국·캐나다를 거쳐 남미까지 갈 수 있다는 상상도 가능하다.

하지만 이러한 상상이 오늘날의 학생들에게는 거의 매력적이지 않다. 대학생도, 중학생도 기차로 유럽에 가고 싶어 하는 사람은 많지 않다. 초등학생에게는 오히려 '끔찍한 여행'일 가능성이 높다.

이유는 명확하다. 기차로 유럽에 가려면 최소 일주일 이상이

걸리고, 그 과정은 결코 편안하지 않다. 잠자리가 불편하고, 씻기도 어렵고, 인터넷 사용도 제한적이다. 비슷한 비용과 시간이라면 비행기를 타는 것이 훨씬 효율적이고, 여행의 선택지도 많아진다. 학생들의 시각에서는 기차 여행이 '낭만'이 아니라 '불편'일 뿐이다.

그렇다면 왜 우리는 통일을 말할 때마다 '기차 타고 유럽 가기'를 먼저 떠올릴까?

그것은 기성세대의 경험이 통일 상상력의 기반을 이루고 있기 때문이다. 기차가 주요 이동수단이던 시절의 감성—흔들리는 차창, 삶은 계란과 사이다, 친구들과의 수다—이 통일 이후의 풍경을 상상할 때 무의식적으로 호출된다. 즉, 통일 상상력은 전적으로 과거 세대의 경험과 정서에 의존해 있다.

그러나 지금의 세대는 이러한 감성을 공유하지 않는다. 민족을 하나의 공동체로 보고 통일을 자명한 과제로 받아들였던 기성세대의 정서와 달리, 포스트 분단세대는 완전히 다른 환경에서 성장했다.

이들에게 북한은 가까운 타자이고, 때로는 완전한 외국이다.

판문점 도보다리 정상회담 때였다. 초등 학생이 "두 사람이 무슨 말로 대화해요?"라고 물었다는 일화가 있다. 세대 차이를 극명하게 보여준다.

통일 논리 또한 더 이상 자명하게 받아들여지지 않는다. "같은 민족이니까 통일해야 한다"는 말은 "왜 꼭 같은 민족이면 함께 살아야 하나요? 미국처럼 다양한 민족이 함께 혹은 따로 살아갈 수도 있잖아요."라는 질문 앞에서 설득력을 잃는다.

"남북이 힘을 합치면 경제가 더 성장한다"는 설명 역시 "이미 경제적으로 잘살고 있는데 굳이 합쳐야 하나요? 오히려 부담이 늘어나는 것 아닌가요?"라는 반문으로 돌아온다.

통일 상상력은 세대의 경험과 가치가 크게 달라진다. 통일 교육이 여전히 기성세대의 기억과 감성에 머물러 있는 한, 학생들에게 통일은 설득력 있는 미래상이 아니라 낡은 이야기로 들릴 수밖에 없다.

문제는 아니, 가능성은 스토리텔링이다

좋은 콘텐츠는 스토리텔링을 통해 비로소 빛을 발한다. 스토리텔링은 전달하고자 하는 메시지를 설득력 있고 감동적으로 풀어내는 기법이며, 지금 우리 시대의 통일도 어떤 가치를 지니는지 새롭게 탐구하고, 그것을 어떻게 이야기로 전달할 것인지 고민해야 한다. 즉, 콘텐츠를 적절히 활용해 말하고자 하는 바를 흥미롭고 의미 있게 구성하는 것이 스토리텔링이다.

스토리텔링이란 '알리고자 하는 바를 재미있고 생생한 이야기로 설득력 있게 전달하는 행위', 혹은 '재미있고 감동적인 이야기를 만들어 내는 능력'을 의미한다.

좋은 스토리텔링을 만들기 위해서는 문학적 상상력과 예술적 감각, 공학적 기술력을 아우르는 통합적 능력이 필요하다.

통일 논의가 우리 곁에서 멀어지고 있는 것도 사실상 스토리텔링의 실패 때문이다. 통일을 민족적 과제로만 강조해 온 기존의 접근은 의무와 책임만을 강조했을 뿐, 통일이 우리에게 주는 즐거움, 사유의 확장, 그리고 새로운 사회적 비전을 보여주지 못했다. 그 결과 통일은 '해야 하는 일'이었지만 '해보고 싶은 일'이 되지 못했다.

지금까지 통일은 주로 교육의 영역으로 간주되었다.

통일 교육은 역사적 사실을 가르치고 분단의 체험을 전달하는 방식에 머물렀다. 그러나 "왜 통일을 해야 하는가?", "통일이 우리 사회와 개인에게 어떤 새로운 가능성을 열어주는가?", "통일이 우리 국가 발전의 어떤 지평을 넓히는가?"에 대한 깊은 성찰은 부족했다.

통일이 줄 수 있는 사유의 즐거움, 미래를 상상하는 능력을 키워주는 교육은 거의 시도되지 않았다. 이러한 상황은 통일 담론의 인문학적 빈곤을 드러낸다.

남북 교류 방식, 경제적 편익, 제도 통합 논의와 같은 기술적 접근은 활발했지만, 그 기반이 되는 가치·비전·서사적 기획은 빈약했다.

정치적 갈등을 피하기 위해 경제적 편익만을 앞세우거나, '통일항아리 모금'과 같은 상징적 사업을 추진하는 것 역시 스토리텔링의 부재를 드러낸다. 기획 의도가 아무리 훌륭해도, 이를 설득력 있게 풀어내지 못한다면 효과는 기대하기 어렵다.

그럼에도 통일이 잘 확산되지 못하면 국민의식 부족, 통일의식 결여를 탓한다. 재미없는 드라마를 보여주고 "의미 있는데 왜 안 봐?"라고 시청자를 탓하는 것과 같다. 6·25 사진 전시회, 반공 포스터, 탈북자 강연만으로는 통일의식이 높아지기 어렵다.

오히려 일상과의 거리를 더 벌린다. 제도적 통일을 통해 강대국으로 도약할 수 있고, 경제적 통일을 통해 번영을 추구할 수도 있다. 그러나 통일한국 자체의 가치가 부재한 통일은 결코 완성될 수 없다.

콘텐츠 없는 통일, 서사 없는 통일, 의미 없는 통일은 단지 국토의 확장, 통치 범위의 확대라는 낡은 프레임을 벗어나지 못한다. 통일 이후 지속 가능한 통합, 공동체의 결속, 미래 비전의 공유는 결국 스토리텔링이 만들어 내는 가치적 결합을 통해 이루어진다.

결국 문제의 핵심은 스토리텔링이다.

통일을 다시 이야기해야 하고, 새로운 방식으로 말해야 하며, 사람들이 공감하고 참여하고 싶어질 만큼 매력적인 이야기로 재구성해야 한다. 스토리텔링이 없는 통일은 사람의 마음을 움직이지 못한다. 통일을 다시 현재로 불러들이기 위해서는 통일을 이야기하는 방식 자체가 새롭게 달라져야 한다.

문제는 스토리텔링이다.

제6부
통일은 교육할 수 있는 것인가

“아이참. 그러면 점수가 안 나와요”

학교 현장에서 학생들이 자주 묻는 질문은 단순하다.

“통일이 뭐예요?”

“꼭 통일해야 해요?”

“통일 안 하면 나쁜 건가요?”

사실 답은 정해져 있다.

대학교에서 시민을 대상으로 글쓰기 강의를 하던 때였다. 수업이 끝난 뒤, 초등학생 자녀를 둔 한 어머님이 다가와 물었다.

“선생님, 우리 아이가 학교에서 통일 글짓기 숙제를 받았는데요. 아이는 통일이 싫다고 하는데 어떻게 해야 하죠?”

“아이 생각대로 쓰면 됩니다.”

“아이참, 그러면 점수가 안 나와요.”

답은 이미 정해져 있었다.

학생이 스스로 생각을 표현하는 것이 목적이 아니라, '정답에 가까운 답'을 쓰는 것이 요구되는 상황이었다. 선생님이 통일 글짓기를 낸 이유도 학생들의 자유로운 의견을 듣기 위해서가 아니었다.

아마도 '통일은 좋은 것이다', '통일을 긍정적으로 생각해 보자'는 의도를 확인하고 싶었을 것이다. 요즘은 이런 숙제조차 거의 내지 않는다. 어쨌든 통일을 싫어하거나 부정적으로 말하는 것은 도덕적으로 바람직하지 않은 일이라는 암묵적 분위기가 있었다. 그런 분위기 속에서 질문한 어머님은 "왜 그런 생각을 하느냐"는 시선으로 아이를 바라보았던 것이다.

그런 속도 모르고 나는 "학생이 생각하는 대로 쓰면 됩니다"라고 답했고, 순식간에 세상 물정 모르는 선생이 되고 말았다.

그렇다.

답은 정해져 있었다. 이유는 알 수 없지만, 여러 생각의 끝은 늘 '찬성'과 '좋아함'으로 귀결되도록 자리 잡고 있었다.

"통일해야 하나요"라는 질문

'민족사적 과제로서의 통일', '이데올로기 승리의 징표로서의 통일', '선진국으로 가기 위한 발판으로서의 통일'은 근현대사를 관통해온 통일론이었다. 여기에 '분단으로 인해 작동해 온 국가 폭력의 고리를 끊고, 왜곡된 사유체계를 정상화하며, 지금도 고통 속에 남아 있는 이산가족의 아픔을 풀어주어야 한다'는 인문학적 통일론 역시 존재한다.

어느 하나 비합리적인 주장은 없다. 그러나 이런 질문이 다시 제기되는 것은, 무엇보다 이 통일론들이 오늘 우리의 가슴에 바로 와 닿지 않기 때문이다.

광복 이후 한국 사회에서 등장한 통일론은 시대적 조건이 만들어낸 산물이었다. 식민지에서 해방된 직후의 사회가 바라본 통일관이 있었고, 겨우 생계를 꾸릴 만큼의 경제적 토대를 마련한 세대가 더 나은 삶을 꿈꾸며 바라본 통일관도 있었다. 해외여행이 가능해지고 세계를 체감하게 되었을 때 등장한, 한반도 통일을 좀 더 객관적으로 바라보려 했던 시기의 통일관도 있었다.

숭실대학교에서는 교양 필수과목으로 통일 수업을 운영한다. 학생들은 누구나 이 과목을 수강해야 하며, 분단 현장을 직접 답사하고, 문경 연수원에서 숙박하며 프로그램을 체험한다.

필자도 몇 년 동안 강의하였다. 대학교 1학년을 대상으로 한 강의다. 강의 시간에 학생들이 가장 많이 던지는 질문은 "통일해야 하나요?"이다. 여러 통일의 필요성을 차근차근 설명하지만, 학생들이 받아들이는 정도는 "아, 그런 이야기가 있구나" 정도이다.

학생들의 생각은 단순명료하다.

"남북이 꼭 통일할 필요는 없지 않나요? 자유롭게 왕래하고, 경제협력할 것이 있으면 하고, 명절이면 이산가족이 만나고 오갈 수 있으면 되지 않나요?"

그래서 학생들의 생각을 반영해, 삼국 통일론을 제안한 적이 있다.

'삼국 통일론'은 간단히 남북 전체를 하나로 하는 통일이 아니라, 남북에서 '강원도만 통일하자'는 것이다. 남과 북 전체가 반드시 하나의 국가로 통합될 필요는 없지 않을까.

남북 강원도 전체, 혹은 그 일부 지역만이라도 특별구역으로 설정해 경제활동을 보장하고, 이산가족 상시 상봉이나 거주를 허용해 보면 어떨까? 그리고 서해에 경제협력 지대를 만들고, 중부 지역에 역사문화 특별지대를 만들면 어떨까?

이렇게 접근한다면 통일의 선택지는 훨씬 더 넓어질 수 있지 않을까.

“왜요?”에 답하지 못하는 통일 교육

통일 교육은 통일의 의미를 규정하고, 바람직한 통일인식을 심어준다는 점에서 중요한 의미가 있다. 갈수록 통일에 대한 관심이 식어가는 현실을 고려하면, 통일 교육은 현실적으로 풀어나가야 할 문제로서 그 필요성과 의미가 더욱 크다고 할 수 있다.

그러나 통일 교육의 의미와 중요성에 비해, 통일 교육이 효과적으로 이루어지지 못하고 있다는 인식이 많다. 통일 교육 현장에서 들려오는 목소리 대부분은 긍정적이라기보다 부정적이다.

왜일까? 여러 이유가 있겠지만, 무엇보다 통일에 대한 공감, 즉 ‘울림’이 없기 때문이다. 공감 없는 논의는 공허하고 이상적이기 쉽다. 통일의 필요성을 강조하고 주입하기보다, 현세대의 감각과 눈높이에 맞는 통일 논의가 필요하다는 데 반대하는 사람은 거의 없다.

그렇다면 현세대가 요구하는 통일 논의는 무엇인가? 결국 "왜 통일해야 하는가?"라는 물음으로 모아진다. 이제 통일 교육에서도 '눈높이 교육'이 필요하다. 시대는 이미 달라졌다. 당위성과 의무감만으로 통일을 설명하는 방식은 더 이상 매력적이지 않다. 매력 없는 문제에는 관심도 생기지 않는다. 달라진 시대의 감각에 맞추지 못한다면 통일 교육은 계속 외면받을 것이다.

예전에는 엄마가 "학교 가서 선생님 말씀 잘 듣고 친구들과 사이좋게 지내요"라고 말하면 아이는 "예"라고 답하고 끝났다. 엄마의 말에 토를 달거나 이유를 묻지 않았다.

조금 시대가 지나면서 아이는 "왜 그렇게 해야 돼?"라고 묻기 시작했고, 엄마는 "그래야 착한 아이지"라고 답했다. 이 정도로 설명하면 아이는 납득하고 멈추었다.

하지만 지금의 아이는 다시 묻는다.

"왜 그래야 착한 아이가 되는데?"

엄마는 이전처럼 "시끄러워, 그냥 해"라고 말할 수 있지만, 그것이 더 이상 설명이 될 수 없음을 알고 있다. 아이는 논리적으로 납득할 수 있는 답을 요구한다.

우리의 통일 교육도 바로 이 지점에 와 있다.

예전에는 "우리의 소원은 통일"이라는 말에 아무도 의문을 제기하지 않았다. 하지만 지금 세대는 묻는다.

"왜 우리의 소원이 통일이야? 난 아닌데?"

"통일하면 뭐가 좋은데?"

이것은 버릇이 없는 것이 아니라, 자기 생각을 당당하게 말하고 합리적인 설명을 요구하는 시대정신이다. 우리 사회가 '논리의 시대'가 되었고, 그렇다면 통일도 그 논리에 맞게 설명되어야 한다.

예림당출판사에서 펴낸 아동학습만화 'Why' 시리즈가 있다. 국내 출시 이후 선풍적인 인기를 모았고, 중국·미국·일본을 비롯한 전 세계 시장을 휩쓴 초베스트셀러가 되었다. 기네스북에도 오른 이 시리즈는 2007년 1000만 부, 2009년 2000만 부, 2010년 5월에는 3000만 부를 돌파했다.

'Why'의 구성은 간단했다. 궁금한 상식 문제를 제기하고, 체계적으로 이유를 설명하는 방식이었다.

'Why 시리즈'가 새삼 초베스트셀러가 된 이유는, 우리 시대가 바로 'Why'를 묻는 세대이기 때문이다. 치열한 경쟁 속에서 산업화를 살아왔던 세대에게 'Why'는 그리 절실한 질문이 아니었다. 강력한 리더십 아래 일심단결과 국론통합이 중요했고, 산업화·선진국이라는 목표를 위해 많은 것을 유보하고 희생했다. 경제성장은 곧 정치적 정당성이었고, 선진국을 향한 대열에서 낙오란 있을 수 없었다. 성장하고 발전하면 모든 문제가 해결되던 시대였다.

그러나 이제는 달라졌다. 경제발전과 성장이 실제로 우리 삶에 어떤 의미가 있는지를 되돌아보아야 하는 시대가 되었다. '어렵고 힘들게 살았던 과거', '가족을 위해 희생한 청춘이 자랑스러웠던 시대'가 아니라, 오히려 "왜 그렇게 살아왔는가?"에 답해야 하는 시대다. 삶의 가치 자체가 달라졌다.

통일 문제도 크게 다르지 않다. '통일을 해야 한다'는 것이 너무나 당연했던 세대가 아닐뿐더러, 이제는 "통일을 왜 해야 하는가"라는 근본적 질문에 답해야 한다. 당연하다고 여겼던 것의 이유와 근거를 요구한다. "그렇게 살면 안 돼"라는 말에 "왜 안 돼요?"라고 되묻는 것처럼, "선생님 말씀 잘 듣고 친구들과 사이좋게 지내라"는 부모의 말에 "왜 그래야 하죠?"라고 묻는 시대다. 이제는 이 물음에 논리적 답변을 해야 한다.

궁금한 것을 참지 않고, 이해되지 않는 것에는 쉽게 공감하지 않는다. 논술·토론에 익숙하고, 논리의 시대에 살고 있다. A4 몇 장짜리 통일 교육 자료만으로는 통일 문제에 접근할 수 없고, 스스로 절실하다고 느끼지 않는 한 통일 문제에 관심을 둘 이유가 없다. 통일 교육 역시 'Why 세대'에 맞는 통일 담론이 필요하다.

이 문제는 청소년만의 문제가 아니다. 기성세대 역시 'Why 시대'에 살고 있다. 2010년 출판계를 휩쓴 마이클 샌델 하버드대 교수의 『정의란 무엇인가』를 보자. 이 책은 1년이 채 되기 전에 100만 부를 돌파하며 우리 시대 스테디셀러가 되었다.

그러나 책의 제목은 '정의란 무엇인가'이지만, 정작 '정의가 무엇인지'를 직접 설명하지 않는다. 어떤 것이 정의가 될 수 있으며, 정의가 성립하는 조건은 무엇인지 논의한다. 우리가 당연하게 생각해온 '정의'를 다시 묻게 만든다.

오늘 우리에게 필요한 '통일이란 무엇인가'도 이 관점에서 논의되어야 한다. '통일은 무엇이다'를 규정하기보다, '통일은 무엇인가'를 묻고, 나아가 '왜 통일을 이야기해야 하는가'를 성찰해야 한다.

통일이 되어야 하는 것도 중요하지만, '행복한 통일'이 되어야 한다는 것이 더 중요하다. 나 스스로 불행해지고, 고통을 감내해야 하는 통일을 긍정적으로 바라볼 사람은 많지 않다.

"힘들고 어려워도 민족의 사명이니까, 후대들을 위해 지금의 고통을 참고 통일된 세상을 물려주자"는 설득 방식에 공감하는 사람은 점점 줄어들고 있다. "왜 그렇게 해야 하는가?"에 답하지 못한다면 통일에 대한 동력을 얻기는 어렵다.

우선 나 자신이 행복해야 하고, 통일이 가치 있는 일이어야 한다.

이제는 분단의 성찰에서부터 통일 논의를 시작해야 한다는 인문학적 사유가 필요한 이유이다.

'어떤'으로의 통일 교육

남한에서 이루어진 북한 교육은 주로 비교 교육의 형태를 띠었다. 남한은 자유민주주의 시장경제, 북한은 사회주의 계획경제라는 이분법적 구도가 반복되었고, 교실 뒤편에는 '남한말/북한말'과 같은 대비표가 놓였다. 정치체제, 경제체제, 산업 생산량 등 거의 모든 영역이 비교의 대상이 되었다.

문제는 비교가 곧 차이로, 차이가 곧 우열로 전환되었다는 점이다. 북한은 '아직도 저런 사회'로 표상되었고, 비교는 남한의 우월성을 확인하는 수단으로 기능하였다. 이러한 인식 구조 속에서 무엇이 같은지, 무엇이 같아지고 있는지를 질문하는 것은 불온하거나 위험한 문제로 간주되었다.

예컨대 "북한에서도 제사를 지낸다"는 말은 오랫동안 놀라움이나 의심의 대상이었고, "북한에서도 휴대전화를 사용한다"는 사실조차 한동안 쉽게 받아들여지지 않았다. 오늘날 북한에서도 배달 애플리케이션을 활용한 소비가 이루어진다고 설명하면, 여전히 과장이나 허위로 치부되기 쉽다. 그러나 생활문화는 세계적 흐름과 완전히 단절될 수 없다. 디지털화와 정보화는 어느 사회도 비켜갈 수 없는 보편적 변화이며, 북한 역시 이러한 흐름에서 예외일 수는 없다.

이제 필요한 것은 현재의 북한을 있는 그대로 진단하려는 시도이다. 그러나 대한민국 사회에서 북한은 오랫동안 '존재하지 않는 대상'에 가까웠다. "북한에 정치가 있는가?", "북한의 예술을 예술이라 할 수 있는가?", "북한에도 경제가 존재하는가?"와 같은 질문은 여전히 반복된다. 이러한 질문은 북한의 실재를 부정하는 방식으로 작동하며, 질문 자체가 곧 평가와 단죄를 포함한다.

이제 이러한 질문은 전환되어야 한다. '있느냐, 없느냐'의 문제가 아니라 '어떤 형태로 존재하는 가'를 묻는 질문이어야 한다. 즉 "북한의 정치는 어떤 방식으로 작동하는가", "북한의 경제는 어떤 구조인가", "북한의 문화는 어떤 논리와 기능이 있는가"라는 질문으로 이동해야 한다. 이러한 이해를 바탕으로 비로소 통일을 향한 전략적 사고 또한 가능해질 수 있다.

북한을 이해하는 작업은 단순하면서도 어렵다. 단순하지만 어려운 이유는 북한 사회가 언어와 상징 체계를 독점적으로 운영해 왔고, 외부와의 소통이 제한된 상태에서 의미가 축적되어 왔기 때문이다.

북한 사회를 지배하는 '주체사상' 역시 일반적인 의미의 주체 개념과는 다르다. 여기서 '주체'는 객체에 대응하는 개념이 아니라, 어떤 외부에도 종속되지 않는 존재, 자율성과 독립성을 절대화한 이데올로기로 구성된다.

따라서 북한 체제를 이해하기 위해서는 단순한 정보 전달이나 설명을 넘어서는 '두터운 번역'이 필요하다. 예컨대 '고난의 행군'이라는 표현을 반복해서 설명할 수는 있지만, 그것이 북한 사회의 일상과 의식 구조에 어떠한 영향을 미쳤는지를 이해하지 못한다면 설명은 공허해진다.

북한 이해 교육이 집중해야 할 지점은 결국 출발점으로 돌아간다. 북한을 북한으로 보는 것이다. 이를 위해서는 문화인류학적 접근이 필요하다. 남북의 사유체계는 어떻게 다른지, 미학관과 세계관은 어떤 차이가 있는지, 그리고 이러한 차이를 이해하는 방법은 무엇인지를 다시 질문해야 한다. 지금까지 이루어져 온 통일 교육이 과연 적절했는지, 무엇을 수정하고 보완해야 하는지에 대한 성찰이 북한 이해의 출발점이 되어야 한다.

통일 교육에서 통일 학습으로

한반도의 분단은 온전하게 지나온 시간이 아니었다. 우리는 6·25전쟁을 겪었고, 그 과정에서 형성된 전쟁의 기억과 이념 대립은 적대감과 증오를 축적하였다.

이러한 감정의 잔존은 생활양식과 가치관의 차이로 고착되었고, 문화적 격차와 갈등으로 이어졌다. 이러한 문제들은 통일 과정은 물론, 통일 이후 사회 통합의 과정에서도 상당한 장애 요인으로 작용할 가능성이 크다.

남북은 분단 이후 서로 다른 체제 속에서 약 80년의 시간을 보내왔다. 상이한 정치체제를 유지해 온 결과, 사회 구조와 제도, 시스템 전반이 다르게 형성되었고, 이는 일상의 문화가 서로 다른 방향으로 발전하는 구조적 조건이 되었다. 문화의 차이는 단순한 생활양식의 차이를 넘어, 세계를 인식하는 방식과 가치 판단의 기준을 달리 형성해 왔다.

통일이 이루어진다면 통일 이전의 역사에 대한 평가, 가치관에 대한 재검토, 정치제도에 대한 판단이 불가피하게 이루어질 것이다. 이러한 평가는 단순한 승패의 논리가 아니라, 분단 체제를 지탱해 온 남북 각각의 체제에 대한 비판적 성찰을 기초로 해야 한다. 동시에 통일이 우리의 삶에 어떠한 변화를 가져올 것인지에 대한 진취적이고 미래지향적인 논의로 확장되어야 한다.

아울러 통일한국이 지향해야 할 가치에 대해 남북 주민이 공유해 나가는 과정 역시 필수적이다. 그러나 남과 북의 문화가 만나는 과정은 결코 순조롭지만은 않을 것이다.

문화 접촉의 과정에서는 필연적으로 갈등이 발생한다. 어떠한 사회에서도 갈등은 생성·증대·완화·소멸의 단계를 선형적으로 거치지 않으며, 다원화된 사회에서 갈등을 원천적으로 제거하는 것은 불가능하다. 갈등은 시간의 경과에 따라 자연스럽게 사라지는 것이 아니라, 어떻게 다루고 대응하느냐에 따라 그 양상이 달라진다.

요한 갈퉁이 지적하였듯이, 갈등은 보상, 포기, 타협, 초월 등의 방식에 따라 증폭될 수도 있고, 완화되거나 전환될 수도 있다. 이러한 관점에서 통일한국의 사회 통합을 남북 간 차이를 인정하고 존중하면서 공동의 가치와 연대성을 형성해 가는 과정으로 이해한다면, 제도적·구조적 통합보다 미시적이고 문화적인 통합의 중요성이 더욱 부각된다.

남북 간 협력사업은 이러한 문화 통합 과정에서 발생할 수 있는 문화적 충격을 완화하고, 상호 이해의 폭을 넓히는 기능을 수행할 수 있다.

이러한 맥락에서 문화번역의 필요성이 제기된다. 문화번역은 분단문화와 분단의식을 극복하기 위한 교량으로서 그 역할이 강화되어야 한다. 한반도 문제의 건강성을 회복하기 위해서는 분단 문제를 다시 인식하고, 생태적 관점에서 통일 문제를 재사유할 필요가 있다. 통일 문제에 대한 건강한 학습은 이러한 재인식의 실마리를 제공할 수 있기 때문이다.

유영만은 학습을 "학습 과정뿐 아니라 학습 결과까지도 서로 주고받으며 함께 성장해 나가는 생태적 관계 맺음의 과정"으로 정의한다.

학습은 기본적으로 너와 내가 학습 과정뿐 아니라 학습 결과까지도 서로 주고받음으로써 함께 성장해나가는 생태적 관계 맺음의 과정이라는 보면서, 건강한 학습의 조건을 다음과 같이 제시하였다.

첫째, '학습의 일상성'이다. 학습활동의 주제와 활동 무대가 일상적 삶과 관련되어 일상적인 무대와 활동과 연계되어야 한다는 것이다.

둘째, '느림의 학습학'이다. 천천히 사색하고 묵상할 수 있는 느리고 여유로운 상황 속에서 진행해야 한다.

셋째, '동기부여' 차원에서 학습활동은 즐겁고 재미있어야 한다.

넷째, 학습주체가 자발적으로 문제의식을 제기할 수 있어야 한다.

다섯째, 학습이 일회성에 그치지 않고 지속적으로 이루어져야 한다는 '지속성과 관행 탈피'이다.

여섯째, '다양성'이다. 건강한 학습은 나와 다른 의견과 관점을 갖고 있는 사람들과의 끊임없는 상호작용을 통해 일어나는 사회적 활동으로 학습활동에 참여하는 구성원들의 다양한 경험과 관점의 이종교배 또는 잡종교배가 이루어지는 가운데 발현될 수 있다.

일곱째, '관계지향'이다. 나 아닌 다름 사람의 아픔을 감지하고 수용하면서 더불어 살아가는 지혜를 터득하는 것이다.[8)]

---

8) 유영만, 『지식생태학: 지식기반사회를 위한 포스트 지식경영』(삼성경제연구소, 2006), 70~79쪽 참고.

AI(인공지능)은 통일을 모른다

인공지능이 생활 속으로 '훅!' 들어온 것을 넘어 이제는 필수가 되었다. 말 그대로 AI(인공지능) 시대가 도래한 것이다.

불과 몇 년 전만 해도 가상현실(VR)과 증강현실(AR)이 기술의 중심에 있었었다. 정보통신기술의 발전은 현실과 가상의 경계를 무너뜨리며, 현실을 디지털로 재현한 '거울세계(Mirror Worlds)'를 만들었고, 이어 현실의 복사판인 '디지털 트윈(Digital Twin)'을 기반으로 메타버스 열풍이 이어졌다.

그러나 2023년을 지나 2024년을 관통한 기술적 흐름의 중심에는 단연 인공지능(Artificial Intelligence, AI)이 자리하고 있다.

인공지능의 시작은 1950년대로 올라간다. 과학기술의 영역으로 인식되었던 인공지능이 갑자기 대중적 관심의 중심으로 급부

상한 계기는 대화형 인공지능 ChatGPT의 등장 때문이다.

"인공지능은 수학자들과 과학자들이 컴퓨터가 사고하고 학습하는 방식을 모방하려는 시도로부터 시작되었다. 그러나 인공지능의 개념이 명확하게 제시되고 기술적으로 발전하기 시작한 것은 1956년에 다트머스 회의에서 이루어진 것으로 알려져 있다. 이 회의에서는 인공지능이라는 용어가 처음 공식적으로 사용되었으며, 이후로 많은 인공지능 기술이 개발되어 오늘날 우리의 삶에 큰 영향을 미치고 있다."

직접 인용한 이 문장은 필자의 글이 아니다. Chat GPT에게 "인공지능은 언제부터 시작되었지"라는 질문에 응답한 내용을 옮긴 것이다.

우리 사회에서 '인공지능'이라는 단어가 대중에게 본격적으로 등장한 것은 1991년이다. 금성(현 LG전자)이 출시한 'OK세탁기'였다. 빨래에 따라서 세탁 코스를 알아서 세탁하는 세탁기로 '국내 최초의 인공지능 금성 OK 세탁기'라는 카피가 붙었다.[9)]
기계가 빨래의 양을 스스로 판단해 세탁 코스를 조절한다는 사실만으로도 당시에는 혁신이었다.

---

9) 이임복, 『챗GPT: 질문하는 인간, 답하는 AI』, (주)천그루숲, 2023, 87쪽.

이후 인공지능이 인간 능력을 넘어선 상징적 사건이 등장한다. 1996년 IBM의 슈퍼컴퓨터 딥 블루(Deep Blue)가 세계 체스 챔피언 카스파로프를 처음으로 이긴 것이다. 그리고 약 10년 뒤, 기계가 인간을 꺾는 흐름은 더욱 명확해졌다.

2016년 '인공지능이 넘을 수 없는 영역'으로 여겨졌던 바둑에서 이세돌 9단이 알파고와의 대결 끝에 인간이 기계에게 마지막으로 승리한 기록을 남겼다. 이후로 인간과 인공지능의 대결은 더 이상 의미 있는 경쟁이 되지 못했다. 인공지능은 이후 압도적 수준으로 모든 영역에 침투하기 시작했다.

통일도 인공지능에게 물어야 하는 걸까? 인공지능이 주는 답을 따라야 할까?

아직은 노(No)이다. 인공지능은 통일을 모른다.

인공지능이 주목받게 된 것은 자연어 처리 능력과 딥러닝 때문이다. 딥러닝(deep learning)은 마치 인간의 뇌처럼 데이터를 학습하여 패턴을 스스로 찾아내는 기술이며, 자연어 처리(Natural Language Processinf, NLP)는 컴퓨터 프로그램을 이용하여 인간의 언어를 이해하고 처리하는 기술이다. 인간이 하는 말을 알아듣고 처리하는 기술이다. 이 두 기술은 AI가 인간과 거의 동일한 방식으로 언어를 생성하도록 만들었다. 이 문단 역시 ChatGPT의 설명을 바탕으로 작성한 것이다.

인공지능은 피할 수 없다. 산업 분야는 물론 생활과 점점 밀접하게 연결되고 있다. 카페에서 볼 수 있는 배달 로봇, 자율주행 기능이 탑재된 자동차, 스마트 스피커, 안내 로봇, 반려로봇, 챗봇 등등. 인공지능의 영역은 한계가 없어 보인다.

인공지능의 미래에 대한 논란은 분분하다. 희망과 낙관이 교차하는 가운데, Google, Microsoft, Amazon, IBM 등의 세계적 디지털 기업들이 인공지능 연구에 사운을 걸었다. 중국에서는 바이두, 한국에서는 네이버, 카카오, 삼성 등도 인공지능 전쟁에 참전하였다. 바야흐로 'With AI'시대의 개막이다.

인공지능의 활동이 주목되는 분야의 하나는 교육이다.

온라인을 통한 교육이 이어 인공지능 시대의 교육과 마주한 것이다.

특수한 교육으로 이루어지던 온라인 교육이 코로나19 팬데믹으로 전 세계가 동시적으로 '온라인 비대면 수업'을 체험하게 되었다. 교육과 기술이 결합한 에듀테크는 돌이킬 수 없는 대세가 되었다.

온라인 시대의 교육은 오프라인에서 이루어지는 교육과는 양상이 크게 다르다. 교육 내용에서 한계가 없고, 교육자와 피교육자의 구분이 없고, 난이도의 구분이 없다. 과학기술이든 음악이나 놀이가 되든 어떤 것도 대상이 되고, 교육자이면서 피교육자가 된다. 교육이자 게임이고, 생활이다.

통일 교육도 인공지능 시대에 맞게 해야 한다.

'With AI'시대의 교육도 비슷할 것이다. 특정한 교재나 참고서는 의미가 없다. 전 세계에 있는 모든 자료를 검색하고, 필요한 정보를 찾아주는 AI가 있다.

아마존의 알렉사, 애플의 시리, 구글 어시스턴트, 마이크로소프트의 코타나, 네이버의 웨일리, 카카오의 AskUp 같은 대화형 인공지능에게 물어보면 된다. 완벽하지 않다. 오류도 있고, 왜곡도 있다. 하지만 인간의 두뇌와 경쟁할 수 없는 다양한 정보를 검색할 수 있다.

정치도 AI가 할 있을까?

현재까지는 '글세…'다. 하지만 '훅~'하고 들어올 수도 있다.

일본에서는 2018년 타마시 시장 선거에서 AI후보자가 나왔다. 선거법상 AI는 후보가 될 수 없다. 출마자인 마츠다 미치히토는 시장 선거에서 당선되면 인공지능 기술로 예산분배와 정책 결정을 추진하겠다는 공약을 내 걸었고, 선거 포스터도 인공지능 로봇으로 대신하였다.[10)]

인공지능이 정치에 직접 참여하는 것은 현재 상황으로는 어렵고, 한계도 분명하다. 하지만 AI의 도움을 받아 방대한 데이터를

10) 고선규, 『인공지능과 어떻게 공존할 것인가』, 타커스, 2019, 132~134쪽.

분석하고, 이를 바탕으로 정책을 도출하는 인간-AI의 협업 체계인 샌드위치 방식의 협력은 멀지 않았다.

AI 분야의 고용, 투자, 활용 등 경제 활동 규모가 급격히 증가(Scale-Up)하며 경제적 가치를 본격적으로 창출하는 시점이 도래하였다. 미국이 지속적으로 AI 스타트업에 압도적인 규모의 투자를 하고 있으며 중국, 영국, 이스라엘, 프랑스 등도 활발히 투자를 늘리고 있다.[11]

플랫폼 기업을 비롯한 기업들도 예의주시하고 있다. 물론 기업의 관심이 곧 즉각적이고 대규모의 투자로 곧바로 이어진 것은 아니다. 맥킨지의 조사에 따르면 1,000여개 기업을 조사한 결과 90%가 인공지능의 중요성에 공감하면서도 실제로 의미 있는 투자를 진행한 경우는 17%에 불과하며 이들조차도 단 2%만이 실제 가치를 달성한 것으로 보고 되었다.[12] 당장에 즉각적인 투자를 하기에는 즉각적인 생산성 향상에 기대하기는 어렵다는 망설임 때문이다.

다른 이유도 있다. AI가 아무리 뛰어난 성능을 발휘한다고 해

---

11) 유재흥·조원영·안성원, 『TAI Index 2022의 주요 내용과 시사점』(ISSUE REPORT 1), 소프트웨어정책연구소, 2022.05.01., 23쪽.

12) 「생성형 AI는 미래의 환상일까? 아니면 현재의 태풍일까?」, 『FKII ISSUE BRIEF & REPORT』 2023-No.03, 한국정보산업연합회, 2023.9, 2쪽.

도 AI는 결국 AI이다. AI는 상상을 초월하는 빠른 속도로 엄청난 데이터를 활용할 수 있는 능력이 있다. OpenaAI에서 공개한 GPT-3모델은 영어와 다른 언어의 웹페이지, 책, 뉴스 등 다양한 소스에서 수집된 45TB의 텍스트 데이터를 학습했다. ChatGPT-4는 100조 개 넘는 매개 변수를 활용한다. 이렇게 뛰어난 성능을 가진 AI라고 해도 올바른 방향으로 사용할 수 없다면, 제 기능을 발휘할 수 없다. 사용하는 사람의 능력에 따라서 가치는 천차만별이 될 수 있다는 의미이다.

AI를 잘 활용하는 데 필요한 것은 '대화의 기술'이다. 구글이 일군 검색엔진 시대에는 '키워드'가 최고의 상품이었다. 필요한 정보를 얻기 위해서는 적실한 키워드가 필요했다. 페이스북이 일군 소셜미디어 시대는 '관계'가 최고의 상품이었다. 얼마나 많은 사람과 연결되어 있는지가 곧 파워였다. 인공지능 시대는 기계와의 '대화 기술'이 최고의 상품이 될 가능성이 높다고 전망한다.[13]

대화형 ChatGPT가 놀라운 것은 '완료'의 기능이 있다는 것이다. 검색엔진에서는 많은 정보를 나열한다. 관련도나 시간 등의 기준으로 보여준다. 많은 자료 중에서 필요한 것을 선택하고, 고르는 것은 사용자의 몫이다. 하지만 ChatGPT는 인간의 질문에

13) 「생성형 AI는 미래의 환상일까? 아니면 현재의 태풍일까?」, 『FKII ISSUE BRIEF & REPORT』 2023-No.03, 한국정보산업연합회, 2023.9, 3쪽.

대해 답을 한다. '통일이 무엇인가요?', "AI가 통일 교육에 어떤 영향을 미칠가요?"라고 물으면 거기에 맞는 대답을 제시한다. 이미지가 필요하다면 '통일한국의 행복한 사람들의 모습'이나 '공원을 바뀐 DMZ의 이미지'를 그려달라고 하면 인공지능이 생각한 이미지를 그려준다.

ChatGPT와 대화를 하다보면 정말 천재적인 사람과 대화한다는 착각에 빠진다. 하지만 실상은 그렇지 않다. 자연어 생성 작업에 맞게 모델을 미세 조정하여 최적의 성능을 낼 수 있도록 한 결과이다. 학습 데이터가 많지 않으면 적실한 답을 내놓지 못할 가능성이 높다. 통일문제도 그중의 하나이다. 같은 질문을 한국어 기반의 인공지능에게 물어보는 것과 영어 기반의 인공지능에게 물어보는 것에서 차이가 드러난다.

데이터의 편향으로 인한 한계도 있다. 제한된 정보, 편향된 정보를 가진 인공지능을 원하는 답변으로 유도할 수도 있다. 인공지능 시대의 핵심이 '대화의 기술'이 되는 이유도 바로 '어떻게 질문하고, 어떻게 물어보아야 하는지'를 통해 인공지능의 활용이 전혀 다르게 나타나기 때문이다. 인공지능 윤리 및 신뢰성 이슈에 대해서는 학계에서도 본격적으로 연구가 시작되었다.

공공 부문 AI 도입 및 확산을 위한 공인 AI 인증, 검증 체계 기술 기준 마련 등 지속적인 신뢰 기반 조성 지원 정책에 대한 필요성도 높아졌다.[14] 공공 부문 AI 구축을 위한 데이터 세트 구축 사업은 국가 차원에서 진행하고 있다.

과학기술정통부에서는 2017년부터 AI데이터를 검색하고 다운로드 할 수 있는 'AI-Hub'(https://aihub.or.kr)를 구축하였다. '한국어', '헬스케어', '교통물류', '교육', '농축수산' 등의 310종 데이터셋을 구축하였다. AI개발을 희망하는 기업, 대학교, 공공기관을 대상으로 대규모 데이터셋 처리를 위해 필요한 고성능 컴퓨팅 자원을 지원하고 있다.

통일 분야도 예외가 아니다. 돌이킬 수도, 피할 수도 없는 AI와 공존의 방향을 찾아야 한다. 인공지능 시대를 맞이하여, 통일 분야에서도 검증된 데이터를 구축이 필요하다. 넘치는 가짜뉴스와 왜곡된 정보를 넘어 신뢰할 수 있는 통일 AI개발에 나서야 할 때다.

'AI시대 통일은 무엇이고, 통일 교육은 어떻게 해야 하는지'를 응답해야 한다.

14) 유재흥·조원영·안성원, 『TAI Index 2022의 주요 내용과 시사점』(ISSUE REPORT 1), 소프트웨어정책연구소, 2022.05.01., 32쪽.

통일콘텐츠란 무엇인가

‘통일콘텐츠’는 통일시대를 준비하기 위한 콘텐츠이다. 사전적 의미에서 콘텐츠는 내용, 의미, 가치 등을 포괄하는데, 실제로는 말하고자 하는 주제와 그 주제를 드러내는 복합적 소재 전체를 의미한다.

콘텐츠가 ‘되고’, ‘안 되고’, ‘있고’, ‘없고’의 기준은 따로 없다. 콘텐츠는 발견의 능력이다. 주변의 모든 것에서 가치를 읽어내고 연결해 내는 능력에 따라, 콘텐츠는 ‘있기도 하고, 없기도 한다.’

때로는 역사적 사실이 콘텐츠가 되고, 때로는 우연히 찍힌 사진 한 장이 뛰어난 콘텐츠로 재탄생한다. 콘텐츠는 발견의 능력, 그 자체라고 할 수 있다.

현장에서 콘텐츠는 산업과 결합 되어 가치를 만들어 내는 능력을 의미한다. 현장에서는 콘텐츠를 비즈니스로 접근한다. 돈이 되는 콘텐츠, 팔릴 수 있는 콘텐츠를 먼저 생각한다. 하지만 이것은 나중의 일이다. 가장 중요한 것은 가치를 발견하고 의미를 찾아내는 작업이며, 산업적 활용은 그 이후의 단계이다. 콘텐츠의 근본은 언제나 가치의 발견에 있다. 근본은 어디까지나 가치를 발견하는 데 있다.

화려한 기술만으로 콘텐츠가 완성되는 경우는 없다. 의미 있는 내용 위에 기술이 더해질 때 비로소 콘텐츠의 가치가 증폭된다. 기술은 스토리를 빛나게 만드는 도구일 뿐, 콘텐츠 자체가 될 수 없다. 뛰어난 영화나 드라마가 오래 기억되는 이유는 기술이 아니라 스토리, 즉 콘텐츠에 있다.

좋은 이야기는 영화·드라마·뮤지컬 등 다양한 장르로 확장될 수 있지만, 기술에만 의존한 작품은 시대가 지나면 금세 한계에 부딪힌다.

콘텐츠의 가치는 본래부터 존재하는 것이 아니다. 발견되는 것이다. 어떤 대상에서 가치가 있는지, 그 가치를 어떻게 키워낼 수 있는지를 찾아내는 능력이 콘텐츠 개발 능력이다. 이런 점에서 콘텐츠는 곧 창의력이다. 콘텐츠의 가치는 대상을 새롭게 보는 것에서 생긴다. 익숙한 방식에서 벗어나 사물을 다시 바라보고, 무의미해 보이는 것에서 의미를 찾아내며, 거기에 새로운 연결과 해석을 부여하는 일이 콘텐츠가 된다.

콘텐츠란 원래부터 존재하는 것이 아니라 만들어지는 것이기 때문이다. 우리 주변의 일상적 요소들 속에서 콘텐츠를 찾아내고 이를 발전시키는 능력이 필요하다. 창의적 시선이 더해질 때 비로소 평범했던 것이 비범한 콘텐츠로 재구성된다.

통일 콘텐츠는 통일에 대한 새로운 가치를 발견해야 한다는 뜻이다. 통일이 우리에게 주는 편익과 실용성을 넘어, 통일이 진정으로 어떤 의미를 지니는지, 통일이 왜 필요한지에 대한 가치 발견이 먼저 이루어져야 한다.

통일은 '있는' 콘텐츠가 아니라 '만들어야 하는' 콘텐츠다. 통일의 경험, 통일을 향한 과정, 통일이 우리에게 열어줄 사회적·문화적·정서적 가치들을 발견함으로써, 통일을 동시대 시민들이 체감하며 공감할 수 있는 콘텐츠로 재탄생시켜야 한다.

콘텐츠, 통일을 이롭게 하리라

콘텐츠는 통일을 위해 무엇을 할 수 있을까. 거창한 구호보다 먼저, 우리는 콘텐츠가 가진 힘을 다시 생각해 볼 필요가 있다.

통일 관련 콘텐츠는 단순한 정보 전달을 넘어, 북한과 통일 문제를 다층적으로 바라보게 하고, 서로의 감정적 거리를 좁히는 역할을 한다. 이해의 폭이 넓어지고 공감대가 쌓일 때, 비로소 협력의 기반이 만들어진다. 남북이 화해하고 협력한다고 해서 곧바로 통일이 이뤄지는 것은 아니지만, 그 과정에서 평화적 환경이 조성되는 것은 분명하다.

이 평화의 공간이야말로 통일의 첫걸음이다.

한반도의 안정적 관리는 이제 대한민국의 선택이 아니라 필수 과제가 됐다. 국제사회에서 한국의 위상은 과거와 비교할 수 없을 만큼 높아졌다. 유엔 사무총장과 세계은행 총재가 한국인에서 배출된 것은 상징적 사건에 불과하다. 세계 10위권 경제대국으로 성장한 대한민국은 그 위상에 걸맞은 책임을 요구받고 있다.

국가 역량이 커진 만큼 도덕적 의무도 뒤따른다. 더 이상 대한민국의 국정 어젠다가 국내 문제에만 머물러서는 안 된다. 경제성장이나 민주화만으로는 한국의 이야기가 완성되지 않는다. 이제는 동북아의 평화를 제시하고, 국제사회에서 책임 있는 역할을 다하는 국가로서의 비전이 필요하다. 국제적 협력의 폭을 넓히면서 동시에 한반도 문제를 대립적 방식으로 해결하려 한다면 그 자체로 모순이다. 국제사회와 손을 잡으면서도 내부 문제를 분쟁적으로 다룰 수는 없다.

미래 전략도 마찬가지다. 10년 후, 20년 후의 대한민국을 설계하는 과정에서 세계사적 변화는 더 이상 배경이 아니라 전제가 되었다. 주변 4강은 어느 하나 만만한 상대가 아니다. 그들 사이에서 대한민국의 국가 비전을 세우는 일은 매우 현실적이며 동시에 장기적인 과제다. 결국 한반도 문제와 통일 문제는 이제 국가 발전 전략의 중심에 놓인 사안이 되었다.

그렇다면 다시 처음의 질문으로 돌아가 보자. 콘텐츠는 통일을 위해 무엇을 할 수 있을까.

통일 콘텐츠는 국민에게 필요한 지식을 제공하는 것을 넘어,

분단의 현실을 함께 성찰하고 미래의 방향을 모색하게 하는 거울이 될 수 있다. 그리고 이러한 성찰과 모색이 쌓일 때, 통일은 더 이상 추상적 이상이 아니라 우리가 함께 만들어갈 현실적 목표가 된다.

스몰사이즈 어른 옷과 아동복

아동복과 어른 옷을 단순히 작게 만든 옷은 전혀 다른 것이다. 아동복이라는 개념이 생기기 전에는 어른들이 입던 옷을 작게 줄여 아이들에게 입혔다. 아이들의 신체적·기능적 특성은 고려되지 않았다. 단지 "작은 어른"이라 생각했기 때문이다.

통일 교육도 다르지 않다. 통일 교육에서 가장 중요한 문제는 '소통'이다. 사실 모든 교육의 핵심이 그러하다. 말이 통하지 않으면 의미도 통하지 않고, 의미가 통하지 않으면 교육은 공허해진다. 결국 언어가 통해야 한다. 함께 이해할 수 있는 말, 함께 공유할 수 있는 가치가 있어야 한다.

"선생님, 평화가 뭐예요?"

서울특별시교육청 행사에서 한 중학교 2학년 학생에게서 들은 질문이다. 아마 학교 통일 교육 현장에서 많이 받는 질문이다. 당황스러운 순간이었다. 평화에 대해 "전쟁이 없는 상태", "굶주림과 공포로부터 자유로운 상태"라는 교과서적 정의는 있다. 누구나 위험을 피할 수 있는 무난한 답이다.

문제는 질문한 학생이 중학교 2학년이라는 점이다. '평화'나 '통일' 같은 추상적 개념은 나이가 어릴수록 설명하기가 훨씬 어렵다. 유치원생에게 평화를 설명하는 일이 박사과정 학생에게 설명하는 것보다 훨씬 힘든 이유가 여기에 있다.

이렇게 답했다.

"너희가 가장 걱정하는 게 뭐예요? 휴대폰 데이터 떨어지는 거 아니에요?"

학생들은 웃으면서 고개를 끄덕였다.

"그렇죠. 그런데 파주까지 오는 동안 부모님이 '폭탄 떨어질지 모르니 조심해라'고 말하진 않았죠?"

"안 했어요."

"그게 바로 평화예요. 폭탄 떨어지는 걸 걱정하지 않고 데이터 떨어지는 걸 걱정할 수 있는 상태. 저는 그걸 평화라고 생각해요."

학교에서 이루어지는 통일 교육은 학생들이 사용하는 언어와 세계로 이루어져야 한다. 다시 말해, 아동복이 필요한 이유와 같다. 옛날에는 아동복 개념이 없었다. 아이들도 어른과 같다는 전제로 어른 옷을 단지 '작게' 만들었을 뿐이다. 아이들을 위한 옷이 따로 있어야 한다는 인식이 생겼을 때, 비로소 아동복이 만들어졌다.

통일 교육도 마찬가지다. 아이들에게 맞는 교육 콘텐츠가 있어야 한다. '동요'가 따로 있고, '동화'가 따로 있듯이 말이다. 그러나 지금 우리가 사용하는 통일 관련 교재는 대부분 '어른들의 이야기를 조금 쉽게 풀어쓴 것'에 불과하다. 아이들의 언어로 만들어진 것이 아니라, 어른들의 언어를 억지로 줄여놓은 셈이다.

'분단', '이산', '대화', '이념', '갈등', '적대' 같은 단어들은 그 자체로 복잡한 의미를 담고 있다. 아무리 쉽게 설명한다 해도 학생들에게는 멀게 느껴질 수밖에 없다.

아이들이 이해할 수 있는 언어, 아이들의 경험과 감각에서 출발하는 교육이 아니면 통일 교육은 마음에 닿기 어렵다.

아동복이 '어른 옷을 줄인 버전'이 아닌 독자적 개념으로 탄생했듯이, 통일 교육도 '어른용 통일 담론을 쉬운 말로 바꾼 것'을 넘어서는 새로운 접근이 필요하다. 아이들의 눈높이에서, 아이들의 언어로, 아이들의 세계 속에서 통일을 이야기할 때 비로소 통일 교육은 실제로 작동하기 시작할 것이다.

제7부
통일과 문화번역

문화번역의 시간

분단의 시간이 80년이 지난 지금도 여전히 분단은 일상 깊이 영향을 미치고 있다. 분단 인식을 생성하고 소비하는 구조가 여전히 작동 중이다.

분단 80년 동안 뿌리내린 분단의 생태계를 건강하고 미래지향적인 통합의 생태계로 전환해 나가기 위해서는 북한에 대한 올바른 이해, 북한 문화에 대한 적확한 이해가 필요하다.

통일 문제에 대한 재인식 과정에서 '문화번역의 시각'은 남북문화의 소통을 위한 실마리를 제공한다.

한국어는 아랍어, 중국어, 일본어와 함께 배우기 어려운 언어라고 한다. 소위 '4대 악마어'로 불린다. 문법 구조나 뉘앙스 차이가 복잡해 학습이 어렵다고 한다. 가령, '밥을 먹자'는 '밥은 먹자'가 다르고, '밥은 먹어야지', '밥 먹지', '밥 먹는 게 어때', '밥 먹어

뭐'가 다르다. '밥'이라는 대상을 '먹는 행위'에 담긴 의미와 맥락에 따라 다른 의미가 있다.

이러한 차이는 단지 언어 형식의 문제가 아니다. 오랜 문화적 전통과 고맥락적 소통 방식에서 비롯된다. '4대 악마어'로 불리는 언어들은 오랜 역사와 공동체 경험을 배경으로 한 언어들이다. 역사 속에서 문공유된 은유와 암시가 누적된 '고맥락 언어'이다.

실제 언어 현장에서는 명시적 설명보다 은유와 함축이 더 많이 작동한다. 그래서 화용론적 맥락 이해가 필수적이다. "나 잘했어?", "그래, 잘했다"라는 짧은 문장도 상황과 억양에 따라 칭찬이 될 수도, 비판이 될 수도 있다. '찬밥'도 그렇다. 역시 단순히 '차가운 밥'이 아니다. 뜨거운 밥이라도 상황에 따라서 찬밥이 된다. 관계와 감정이 응축된 문화 표현이다.

이러한 맥락에서 '문화번역'은 단순히 낯선 문화를 쉽게 풀어 설명하는 작업이 아니다. 오히려 문화는 온전히 번역될 수 없다는 한계를 인정하는 데서 출발한다.

문화적 상대성을 인정하고, 타문화를 '완벽히 이해할 수 있다'는 환상을 내려놓는 태도이다. 번역의 기본은 상호성이다. 올바른 번역이 이루어지려면 상호 문화에 대한 존중이 전제되어야 하며, 남과 북의 문화를 서로를 동등한 주체로 인정하는 것에서 출발해야 한다.

한반도 평화와 남북 화해협력도 결국 이러한 상호성의 인정

위에서만 지속 가능하다. 21세기 들어 문화번역이 주목받는 이유도 이 상호성의 문제와 깊게 연결되어 있다.

문화번역의 목적은 상대 문화를 '완전히' 이해하는 데 있지 않다. 오히려 문화를 제대로 번역하기 위해서는 끊임없는 노력이 필요하다는 점, 그리고 그 노력 자체를 중시한다. 문화는 그 사회의 구조와 역사, 생활세계 속에서 이해되는 것이기 때문에, 문화를 이해하기 위해서는 그 체계를 번역해 내는 과정 전체가 중요하다.

학자들마다 문화번역의 정의는 다소 다르지만, 번역 과정에서 언어가 만들어 낼 수 있는 오해를 경계해야 한다는 점에서는 대체로 의견이 같다. 문화를 교차 비교하는 연구에서 번역은 거의 유일한 방법이며, 번역은 단순한 단어의 치환이 아니라 '언제나 다른 것을 통해 말하는' 행위이기 때문이다.

이러한 관점에서 번역은 언어적 문제를 넘어선다. 번역은 언어를 매개로 문화를 소통시키는 과정이자, 그 과정 속에서 새로운 관계를 형성하는 행위이다. 번역은 단순하게 언어를 일대일로 치환(置換)하는 교환이 아니다.

언어를 통해 이루어지는 번역은 언제나 다른 것을 통해서 이야기할 수밖에 없다. "엄밀히 말해, 문화를 '교차(cross)'하려 하는 비교연구는 번역밖에 할 수 있는 것이 없다. 인식론적 교차의 비유로서, 번역은 언제나 다른 것을 통해 이야기"[15]되어 지니다.

따라서 번역에는 언어 이상의 문제가 있음을 인정한다. 번역은 곧 '언어를 통해 문화를 소통하는 과정'이기에, 언어학적인 문제를 넘어선다. 번역을 통해 문화를 전달하고, 나아가 새롭게 관계를 형성하는 문제이다. 이런 점에서 번역은 "문화적 차이를 드러내는 관념적 번역으로서 접촉 지대에서의 문화 만남이 어떻게 경험되고 해석되는지, 그리고 한 문화가 다른 문화를 통해 어떻게 재배치되는지 설명해주는 틀로서 번역을 재고찰해야 하는 것"으로 규정할 수 있다.[16]

15) 리디아 리우, 민정기 옮김, 『언어횡단적 실천: 문화, 민족문화 그리고 번역된 근대성(중국, 1900∽1937)』(소명출판, 2005), 17쪽.

16) 박소연, 「문화번역 및 번역된 젠더에서 바라 본 식민 여성: 1938년 작 조선영화 「어화」를 중심으로」, 『여성문학연구』 제35권(한국여성문학학회, 2015), 295쪽.

'차이'와 '번역'

남북 사이에 문화번역이 필요하다는 말은, 먼저 남북 간 '차이'가 존재한다는 사실을 인정하는 것에서 출발한다. 북한 문화를 이해한다는 것은 곧 북한 문화가 그 나름의 체계로 존재한다는 점을 인정하는 것이다.

문화번역의 과정에는 언어, 상징체계, 생활양식, 사유양식 등 문화 전반에 대한 이해가 필연적으로 수반된다. 그래서 마정미는 문화번역을 "언어, 상징체계, 생활양식, 사유양식 등 문화 전반의 번역 행위를 아우르는 총체적 과정"으로 규정하며, 번역이 이루어지는 구체적 시·공간적 맥락과 번역 행위자의 위치를 함께 고려해야 한다고 말한다.[17)]

17) 마정미, 「문화번역과 재매개 이론에 대한 탐색적 연구」, 『한국언어문화』 제45권(한국언어문화학회, 2011), 119쪽.

남북 분단의 시간 동안 북한은 북한 나름의 고유한 문화 체계를 형성해 왔다. 이를 이해하기 위해서는 먼저 북한 문화를 하나의 문화로 인정하고, 그 세계로 들어가려는 번역의 태도가 필요하다.

번역은 이질적인 두 언어와 문화의 세계를 소통시키는 작업이며, 따라서 번역의 질과 태도에 따라 타문화에 대한 이해가 깊어질 수도, 오히려 왜곡될 수도 있다. 문화가 접촉하는 지점에서 번역은 이해를 증진시키는 통로가 될 수도 있지만, 동시에 정치적 위계와 잘못된 관념을 확대 재생산하는 매개가 될 수도 있다.

남북 사이에 문화번역이 필요한 이유는 무엇보다 분단으로 인해 축적된 문화적 차이를 완화하기 위해서다. 남북은 상호 소통 없이 분단의 시간을 보냈다. 문화적 차이와 이질성은 당연한 결과라고 할 수 있다.18)

남북의 언어와 생활문화가 달라진 이상, 함께 살아가기 위해서는 서로의 문화를 이해하려는 노력이 필수적이다. 남북의 일상은 이미 번역 없이는 온전히 이해하기 어려울 만큼 이질화되었고, 통일은 결국 이러한 이질성을 전제로 한 '혼종화의 과정'이 될 수밖에 없다. 단순한 언어 번역을 넘어, 서로의 문화적 맥락을

18) 김종회, 「해방후 북한문학의 변화 양상과 남북한 문화 통합의 전망」, 『현대문학이론연구』 16 (현대문학이론학회, 2001), 153쪽.

해석하는 문화번역이 요구된다.

문화는 타문화를 자기 언어와 논리 체계로 해석하는 방식으로 작동한다. 이 지점에서 '보편'과 '특수'가 규정된다. 마정미가 지적하듯, 문화번역은 한 언어를 다른 언어로 기계적으로 치환하는 것이 아니라, "타자의 언어·행동양식·가치관에 내재한 문화적 의미를 파악하여 맥락에 맞게 의미를 구성하는 행위"에 주목한다. 나아가 번역을 하나의 정치적 행위로 보면서, 역사적·사회적 맥락이 드러내는 권력 관계를 분석하는 틀로 이해한다.[19] 남한에서 북한 문화를 읽는 과정에는 정치적 독해와 분단의 프레임이 온전히 작동한다. 남한에서 북한을 읽는 방식에 대한 성찰 없이 진행된 결과이다.

남북 관계에서 남한은 종종 서구적 기준과 세계적 보편성을 수행하는 '주체'의 위치에 서고, 북한은 '특수성'으로 환원된다. 북한에 대한 인식은 '독재', '경제난', '불법'이라는 해석 틀 속에서 구조화되어 있다.

이런 점에서 남북의 문화번역은, 보편성을 대표한다고 믿는 남한이 '특수한 북한'을 해석하는 비대칭적 시선으로 굳어져 왔

19) 마정미, 「문화번역과 재매개 이론에 대한 탐색적 연구」, 『한국언어문화』 제45권(한국언어문화학회, 2011), 129쪽.

다고 할 수 있다. 그러나 통일을 남북이 문화적 통합을 모색해 가는 과정으로 본다면, 이러한 우열의 인식 구조는 필연적으로 재검토되어야 한다. 남북 분단의 문제는 끊임없는 '창조적 번역'의 대상이 되어야 하며, 이 창조적 번역은 머리로만 수행하는 인식의 문제가 아니라, 몸과 마음에 스며드는 실천의 문제이기도 하다.

결국 일상속에서 분단을 넘어서는 작은 실천들이 축적될 때, 비로소 통일을 향한 건강한 사유체계, 즉 체화된 문화-번역의 감각이 자리 잡을 수 있을 것이다.

통일과 문화번역·1

: '의미'

'문화번역'이라는 말은 흔히 문화를 더 쉽게 이해하도록 바꾸어 전달하는 과정쯤으로 이해되곤 한다. 그러나 문화번역의 핵심은 오히려 그 반대에 있다.

문화는 완전히 번역될 수 없다는 사실, 즉 문화적 상대성을 인정하는 데서부터 출발한다. 번역이 성립하기 위한 기본 전제는 '상호성'이다. 서로의 문화를 하나의 온전한 주체로 인정할 때 비로소 번역은 가능해진다.

남과 북의 문화를 이해하는 문제도 마찬가지다. 한반도 평화와 남북 화해협력은 서로를 대상이나 객체로 보는 태도에서 벗어나, 상호 주체적 존재로 인정하는 것에서 출발해야 한다. 21세기 들어 문화번역이 더욱 중요한 개념으로 부각되는 이유 또한 바로 이 상호성의 가치와 맞닿아 있다.

문화번역의 목적이 상대 문화를 완벽하게 이해하는 데 있는 것은 아니다. 오히려 '문화는 완전히 이해할 수 없는 것'임을 인정하고, '이해하기 위해 노력해야 한다.'는 태도를 강조한다. 문화는 항상 특정 사회의 체계와 맥락 속에서 성립하기 때문에, 그 문화를 이해하려는 시도는 곧 '번역의 노력'을 의미한다.

문화번역에 대한 개념과 의미는 학자에 따라 다르다. 하지만 공통된 문제의식이 있다. 그것은 번역 과정에서 언어가 만들어내는 오류다. 우리는 언어를 중심으로 문화를 비교하고 교차시키지만, 언어는 단순한 1 : 1 대응의 도구가 아니라 의미를 끊임없이 변형시키는 매개이기 때문이다.

번역은 단순하게 언어를 일대일로 치환(置換)하는 교환이 아니다. 리디아 리우는 『언어횡단적 실천』에서 "엄밀히 말해, 문화를 '교차(cross)'하려 하는 비교연구는 번역밖에 할 수 있는 것이 없다. 인식론적 교차의 비유로서, 번역은 언제나 다른 것을 통해 이야기 한다."[20]고 하였다.

번역은 언제나 '다른 것'을 통해서만 이야기할 수 있는 불완전한 과정이기 때문이다. 이러한 한계는 번역이 단순한 언어 치환

20) 리디아 리우, 민정기 옮김, 『언어횡단적 실천: 문화, 민족문화 그리고 번역된 근대성(중국, 1900∽1937)』(소명출판, 2005), 17쪽.

이 아니라, 언어를 통해 문화를 소통시키는 더 넓은 층위의 행위임을 보여준다. 즉, 번역은 언어학적 문제를 넘어 문화적 관계를 새롭게 구성하는 과정이다.

박소연 또한 문화번역을 "문화적 차이를 드러내는 관념적 번역으로서 접촉 지대에서의 문화 만남이 어떻게 경험되고 해석되는지, 그리고 한 문화가 다른 문화를 통해 어떻게 재배치되는지 설명해주는 틀로" 규정하였다.[21] 한 문화가 다른 문화를 통해 재배치되는 과정, 즉 '번역된 문화'가 만들어내는 새로운 관계성을 주목해야 한다는 것이다.

결국 문화번역은 '이해할 수 없다는 사실을 이해하는 방법'이다. 문화적 차이를 지우기보다 드러내고, 서로가 서로에게 어떤 의미로 다가오는지에 대한 해석의 가능성을 열어가는 과정이다.

남북 사이에 문화번역이 필요하다는 주장에는 남북의 차이가 있음을 인정하는 것을 전제한다. 즉 북한 문화를 이해한다는 것은 북한 문화가 존재한다는 것 자체를 인정하는 것부터 출발한다.

---

21) 박소연, 「문화번역 및 번역된 젠더에서 바라 본 식민 여성: 1938년 작 조선영화 〈어화〉를 중심으로」, 『여성문학연구』 제35권(한국여성문학학회, 2015), 295쪽.

통일과 문화번역·2

: '태도'

남북 분단의 오랜 시간 동안 북한은 고유한 문화 체계를 형성해 왔다. 그렇기에 북한 문화를 이해하기 위해서는 이를 독자적인 하나의 체계로 인정하고, 그 세계에 진입하려는 '번역의 태도'를 갖추는 것이 필요하다.

문화는 자동으로 이해되지 않는다. 서로 다른 세계를 이어주는 번역의 과정이 전제되어야 한다. 번역은 본질적으로 이질적인 두 언어와 두 문화의 세계를 매개하는 행위다. 따라서 번역을 어떠한 태도와 기준으로 수행하느냐에 따라 타문화에 대한 이해 깊이는 크게 달라진다.

성실한 번역은 서로의 세계를 개방하지만, 성급하거나 편향된 번역은 오히려 기존의 오해를 공고히 할 수 있다.

문화가 맞닿는 지점에서는 번역의 효과가 더욱 분명하게 드러난다. 번역은 타문화를 향한 이해를 심화시킬 수도 있지만, 반대로 정치적 위계나 왜곡된 관념을 확대하는 매개가 될 수도 있다.

지난 20~30년간 활발히 진행되어 온 '문화번역(cultural translation)' 논의는 번역 자체를 정치적인 것으로 보며, 구체적인 역사적·사회적 맥락이 암시하는 정치권력의 구도에 주목하여 문화 간의 접촉과 교섭을 일종의 번역 행위로 여긴다. 즉 번역을 문자 텍스트들 사이에 간언어적 교환행위로 보는 데서 나아가, 언어 자체를 넘어서는 상이한 문화들 간의 교류를 이해하는 틀로 번역의 패러다임을 확장하고 응용하는 것이다. 번역이 "식민주의 지배의 중요한 테크놀로지"라고 강조하는 테자스위니 니란자나(Tejaswini Niranjana)의 주장은 서로 언어와 문화가 다른 사회에서 벌어지는 의미의 생산과 전달 행위가 지극히 정치적이라는 점에 주목하여 번역의 탈식민주의적 관점에서 이론화하는 대표적인 예라 할 수 있다.[22]

한반도에서 남과 북은 오랫동안 서로를 동등한 주체로 인정하지 않았다. 분단 이후 남북 통일정책에서 핵심은 늘 '누가 주도권을 갖는가'의 문제였다.

남북 대화가 성사되기 위한 전제조건은 상대가 아니라 '내가

22) 윤조원, 「번역자의 책무: 발터 벤야민과 문화번역」, 『영어영문학』 제57권 2호(한국영어영문학회, 2011), 217쪽.

주도할 수 있는 상황인가'였다. 주도권을 확보할 수 있다고 판단되면 대화를 제의했지만, 그렇지 않다고 느껴지면 즉시 '상대의 숨은 의도'를 의심하였다.

남북 교류 협력에서도 이러한 태도는 크게 다르지 않았다. 교류와 협력이 통일의 동력으로 제대로 작동하지 못한 이유 중 하나는 남북 관계를 바라보는 상호적 인식의 부재였다. 교류와 협력이라는 이름으로 추진된 많은 사업이 실제로는 일방적인 '지원'의 형식을 취했다. 물론 대등한 관계에서 이루어진 사례들도 있었지만, 상당 부분은 남북 간 권력관계와 위계구조를 그대로 반영하고 있었다.

정치적 영역에서 논의되는 '문화번역' 개념 역시 이러한 맥락과 맞닿아 있다. 문화번역은 단순히 서로 다른 언어와 문화를 지닌 사회 간 의미를 주고받는 과정에 그치지 않고, 그 과정에 내재된 정치적 성격을 주목한다. 마정미는 「문화번역과 재매개 이론」에서 번역을 둘러싼 정치권력의 구조를 지적하며, 우리가 일상적으로 '번역'이라 부를 때 간과해 온 정치적 위계가 어떻게 작동하는지를 설명한다.[23]

23) 마정미, 「문화번역과 재매개 이론에 대한 탐색적 연구」, 『한국언어문화』 제45권(한국언어문화학회, 2011), 129쪽.

통일과 문화번역·3

: '시각'

국제사회에서 문화 간의 접촉과 교섭은 단순한 교류를 넘어, 서로의 의미체계를 조정하고 해석하는 '번역'의 과정으로 이해된다. 특히 제국주의와 식민지 지배, 서양과 동양의 관계를 설명할 때 드러나는 번역의 정치성은 오래전부터 중요한 비판의 주제로 다루어져 왔다.

넓게 정의하자면, 언어횡단적 실천에 관한 연구는 손님언어(guest language)와의 접촉 충돌에 의해, 혹은 그것에도 불구하고 주인언어(host language) 내부에서 새로운 단어·의미·담론·재현 양식이 생성되고 유포되며 합법성을 획득하는 과정을 조사하는 것이다. 어떤 개념이 손님언어에서 주인언어로 옮겨갈 때 그 의미는 '변형'된다기보다는 오히려 주인언어의 현지 환경 속에서 창안/발명된다. 이런 차원에서 보면 번역은 정치적 이데올로기적 투쟁의 경쟁적 이해관계

로부터 자유로운 중립적 사건일 수 없다. 번역은 바로 그러한 투쟁이 진행되는 장이 된다.24)

문화번역은 종종 식민지적 시선을 드러내며, 문화 간 위계질서를 구성하고 권력을 재생산하는 방식으로 불평등한 관계를 강화한다.

남북 관계를 바라보는 우리의 시각은, 선진국이 과거 식민지를 바라보던 관점과 크게 다르지 않다. 20세기에 가장 급속히 발전한 학문이 문화인류학이라는 사실은 이를 상징적으로 보여준다. 산업화를 거쳐 선진국으로 자리 잡은 서구는 인류학자들을 아시아와 아프리카로 파견하여 다양한 민족의 생활과 풍습을 연구하고 소개했다. 문화인류학의 성과로 세계 여러 사회에 대한 지식이 확대되었지만, 그 이해의 틀은 어디까지나 서구 중심적이었다. 동양 역시 서구가 설정한 관점에서 재현된 '동양'이었다.

서구는 자신들의 시각을 '보편성'으로 전제하고, 다른 사회는 '특수성'으로 규정하며 타자로 기술하는 인식론적 위계를 형성했다. 결과적으로 아시아와 아프리카는 인류학을 통해 제국주의적이고 일방적인 시선 속에서 소개되었다.

24) 리디아 리우, 민정기 옮김, 『언어횡단적 실천: 문화, 민족문화 그리고 번역된 근대성(중국, 1900~1937)』(소명출판, 2005), 60쪽.

서구 열강이 타 문화를 바라보던 태도는 존중이나 배려가 아니라 호기심에 가까웠다. 외국인의 시선 속에서 한국 역시 '동방의 작은 등불', '은둔의 나라'로 묘사되었다. 그러나 오늘날 대한민국의 국제적 지위가 높아지고 영향력이 확대된 지금, 우리는 과거 서구가 우리에게 투영했던 시각을 타 문화나 북한에 그대로 전이하고 있는 것은 아닐까. 남북 관계에서 통일을 논하면서도, 북한을 과연 동등한 주체로 상정하고 있는지는 다시 생각해볼 문제다.

남북 관계에는 여전히 우월과 열등이라는 이분법적 시각이 작동한다. 주체와 객체로 나누는 분리주의적 사고는 한반도 인식 지형을 규정해 온 뿌리 깊은 문제이며, 이러한 인식은 자연스럽게 우열 관계를 생산해 왔다. 유영만이 지적하듯, "주체는 언제나 객체보다 우월하며, 주체의 객체 지배는 당연하고, 객체에 대한 억압과 착취까지도 정당화된다.[25]

자본과 기술력을 보유한 남한과 값싼 노동력을 가진 북한이라는 이분법적 구도 역시 남한 우월주의의 투영이다. 통일을 준비하는 과정에서는 이러한 주체·객체의 구도, 즉 남북을 위계적으로 바라보는 관점이 재고되어야 한다.

25) 유영만, 『지식생태학: 지식기반사회를 위한 포스트 지식경영』(삼성경제연구소, 2006), 19쪽 참고.

통일과 문화번역·4

: '보편과 특수'

남북 사이에 문화번역이 필요한 이유는 두 가지로 설명할 수 있다.

하나는 분단으로 인해 형성된 문화적 차이를 해소하는 것이다. 남북은 오랜 기간 상호 소통 없이 분단의 시간을 보냈으며, 문화적 차이와 이질성이 나타난 것은 지극히 자연스러운 결과라고 할 수 있다.[26]

남북의 언어와 생활문화가 달라진 만큼, 함께하기 위해서는 상대 문화에 대한 이해가 필요하다는 점이 문화번역이 요구되는 첫 번째 이유다.

둘째 이유는 남북의 일상과 문화가 이미 번역을 필요로 할 만

26) 김종회, 「해방후 북한문학의 변화 양상과 남북한 문화 통합의 전망」, 『현대문학이론연구』 16 (현대문학이론학회, 2001), 153쪽.

큼 깊게 이질화되었기 때문이다. 통일은 결국 이질화된 두 문화가 서로 섞이고, 조정되고, 새로운 혼종성을 만들어내는 과정이다. 따라서 단순한 언어적 전환을 넘어, 서로의 문화적 맥락과 의미체계를 이해하는 문화번역의 과정이 필수적이다.

문화란 타문화를 자신이 속한 언어와 개념틀로 해석하고, 고유한 문화적 논리로 대응하는 방식으로 작동한다. 이는 곧 '보편'과 '특수'가 규정되는 지점이다.

문화번역은 "한 언어를 다른 언어로 대치하는 일반적 번역을 넘어, 타자의 언어·행동양식·가치관 등에 내재되어 있는 문화적 의미를 파악하여 맥락에 맞게 의미를 새롭게 구성하는 행위"이자 "번역을 정치적 행위로 보고, 특정한 역사·사회적 맥락이 드러내는 권력 구조에 주목해 문화 간 접촉과 교섭을 일종의 번역 행위"[27]이다.

남한에서 북한 문화를 읽는 과정에는 정치적 독해와 분단의 프레임이 전면적으로 작동한다. 이는 남한이 북한을 읽는 방식에 대한 충분한 성찰 없이 형성된 결과이기도 하다.

남북 관계에서도 남한은 여전히 서구적 기준, 즉 세계적 보편성을 수행하는 '주체'의 위치를 점하고 있다. 남한이 북한을 인식

27) 마정미, 「문화번역과 재매개 이론에 대한 탐색적 연구」, 『한국언어문화』 제45권(한국언어문화학회, 2011), 129쪽.

하는 방식은 북한을 하나의 '특수성'으로 규정하는 프레임 위에서 작동한다. 북한은 흔히 '독재', '경제난', '불법'과 같은 해석적 틀 속에서 이해되며, 이러한 인식은 남북의 문화번역을 남한이라는 보편적 주체가 '특수한 북한'을 해석하는 과정으로 만들어 버린다.

통일의 관점에서 보면, 통일은 남북이 서로의 문화를 조율하고 통합해 가는 과정이다. 이 과정에서 남북 사이에 내재한 우열의 인식 구조는 비판적 성찰을 통해 해체되어야 한다. 분단 문제는 단순히 지적·이론적 해석의 대상이 아니라, 지속적인 '창조적 번역'을 요구하는 현장적 문제이기도 하다. 창조적 번역은 머리로만 수행되는 이성이 아니라, 몸과 마음에 스며드는 체화된 사유의 문제이다. 즉, 일상 속에서 분단을 넘어서는 실질적이고 건강한 실천이 이루어질 때 비로소 남북 관계의 진정한 변화가 가능하다.

통일과 문화번역·5

: '환대'

문화번역의 또 다른 과제는 북한이탈주민과 남한 주민 사이의 문화를 횡단하는 번역이다. 남한 주민과 북한이탈주민, 나아가 북한 주민 사이에서 문화번역이 필요하다는 것은 두 가지를 전제로 한다. 하나는 남북 사이에 구조화된 문화 차이가 존재한다는 것이다.

남북은 분단 이후 상이한 체제 속에서 80년을 지나면서 서로 다른 정치체제를 유지해 왔다. 사회적 구조와 시스템의 차이는 당연히 서로 다른 문화를 형성하며, 일상의 문화에 구조적 차이를 낳아 왔다.

벤야민은 번역에서 '소통할 수 없는 원문의 무엇'에 주목했다. 번역을 하더라도 두 문화 사이에는 언어적 번역만으로는 '소통할 수 없는 차이'가 존재한다는 점에 주목하였다.[28)]

번역은 언어를 통해 다른 문화를 이해하는 출발이자 새로운 이해로 나아가는 과정이다. 이 과정에서 어떤 태도와 입장을 갖느냐에 따라 차별적 구조의 타자성이 강화될 수도 있다. 따라서 차이에 대한 존중과 이해, 그리고 적절한 해석의 과정이 수행되어야 한다.

남한 사회에서 작동하는 남북 문화 번역의 사례를 살펴보자.

만약, "북한에서 삼겹살을 먹을까?"라고 물어본다면 어떻게 대답할까. "못 먹어봤을 것이다"라고 답할 것이고, 어떤 사람은 "먹어봤을 수도 있다"고 답할 것이다.

중요한 것은 답이 아니라 그 판단의 근거이다. 남한 주민들이 이 질문에 답할 때 가장 많이 사용하는 기준은 '경제적 어려움'이다. '북한이 가난하니 삼겹살을 먹기 어려웠을 것'이라고 추정하는 것이다.

그렇다면 정답은 무엇일까? 정답은 '못 먹었다', 정확히는 '먹어보지 않았다', 더 정확히는 '삼겹살로는 먹어보지 않았다'가 되어야 한다. 이유는 간단하다.

북한에는 삼겹살이라는 메뉴가 없다. '돼지고기'는 있어도, '삼겹살'로 구분하지 않는다. 즉, '삼겹살'이라는 개념이 없다는 것이

28) 박소연, 「문화번역 및 번역된 젠더에서 바라 본 식민 여성: 1938년 작 조선영화 〈어화〉를 중심으로」, 『여성문학연구』 제35권(한국여성문학학회, 2015), 294쪽.

다. 개념이 없으면 먹어도 먹지 않은 것이다. 우리가 미국인에게 '갈빗살', '살치살', '치맛살'을 먹어 보았느냐고 물어보지 않는다.

반대로 북한이탈주민들이 김치를 말할 때, '쩡한 맛'이라고 표현한다. '쩡한 맛'을 표현할 수 있는 언어가 없다. 언어가 없으면 개념이 구성되지 않는다.

질문의 태도 자체가 이미 문화적 전제를 드러낸다.

올바른 문화번역이란 문화적 의미를 충분히 이해하는 것이다. 문화번역은 문화적으로 이해할 수 없는 차이를 존중하고, 이해하고, 해석을 통해 이해하는 과정이다. 올바른 문화번역을 통해 "자신의 문화적 정체성을 유지한 채 새로운 문화를 체득해 간다는 자기 확장적 인식"을 가질 수 있도록 해야 한다.[29)]

남북한 주민 사이의 문화번역은 '환대'에 대한 고민을 하게 한다. '환대'의 인식이 강자의 입장에서 약자를 수용하는 '일방적 시혜' 차원의 '관용'과 달리 상호성에 근거한 것은 분명하지만 그 자체로서 구분을 전제로 하기 때문이다.[30)]

29) 마정미, 「문화번역과 재매개 이론에 대한 탐색적 연구」, 『한국언어문화』 제45권(한국언어문화학회, 2011), 127쪽.

30) 마정미, 「문화번역과 재매개 이론에 대한 탐색적 연구」, 『한국언어문화』 제45권(한국언어문화학회, 2011), 132쪽: "데리다에 따르면 관용은 '조건부 환대'이다. 조건부 환대인 관용은 무조건적인 환대와는 달리 타자가 우리의 규칙을, 삶에 대한 우리의 규범을, 나아가 우리 언어, 우리 문화, 우리 정치체계 등을 준수한다는 조건을 내걸고 환대를 제의하는 것이다. 데리다는 이러한 환대를 '초대(invitation)의 환대'라고 부른다."

문화번역의 영역은 한반도 평화 구축과 통합 과정을 포함한다. 우리가 지향하는 통일은 '적대적 분단 인식의 극복'과 '미래지향적 통일 가치'의 공유 과정이다. 분단 인식의 극복과 미래지향적 통일 가치의 공유는 우리 사회의 많은 갈등을 극복해야 하는 간단치 않은 과정이다.

통일과 문화번역·6

: '갈등'

문화번역의 영역은 한반도 평화 구축과 통합 과정을 포함한다. 남북이 지향하는 통일은 '적대적 분단 인식의 극복'과 '미래지향적 통일 가치'의 공유 과정이다. 분단 인식의 극복과 미래지향적 통일 가치의 공유는 우리 사회의 많은 갈등을 극복해야 하는 간단치 않은 과정이다.

한반도의 분단은 단지 물리적 시간이 지나는 과거의 문제가 아니다. 전쟁과 이념 대립이 중첩된 경험의 시간이었다. 6·25전쟁의 상흔과 적대감, 그리고 체제 차이가 낳은 생활양식·가치관의 차이는 앞으로의 통일 과정은 물론, 통일 이후의 사회통합에도 상당한 장애 요인이 될 수 있다.

통일 이후에는 과거의 역사에 대한 평가, 가치 체계에 대한 재정립, 정치제도에 대한 논의가 필연적으로 뒤따른다. 이러한 과정은 분단 체제를 지탱해 온 남북의 각각의 체제에 대한 비판적 성찰 위에서 이루어져야 하며, 동시에 통일이 우리의 일상과 사회 구조에 어떤 변화로 이어질지에 대한 '진취적이고 미래지향적 논의'로 확장되어야 한다.

> 분단에 관여한 후 분단을 지속시키고 있는 두 분단 권력은 통일이 민족의 하나됨이라는 민족주의 정서를 불어넣어 왔다. 그리고 그 위에 통일을 자기 정치체제에 의해 실현해 선진통일국가를 완성하자는 국가주의 담론을 덧칠한다. 이런 식의 위로부터의 지배적 통일 담론은 분단에 대한 이해와 통일의 필요성을 민족, 국가, 권력의 틀에 가두고 분단의 의미, 통일의 주체와 목표를 진취적으로 사고하는 걸 억제한다. 분단이 외세에 의해 이루어진 것은 사실이지만 그것이 전부인가. 분단이 이렇게 오래되고 있는 이유도 외세 때문만인가. 통일을 민족 재결합, 민족동질성 회복으로 보는게 틀린 것은 아니지만 그것이 통일하려는 궁극적인 이유인가. 통일해서 강대국, 선진국이 되는 게 나의 삶과 무슨 관련이 있단 말인가.[31]

통일한국이 지향하는 가치에 대해 남북 주민이 이를 함께 이해하고 공유해 가는 과정 또한 필수적이다. 남과 북의 문화가 접촉

31) 서보혁·정욱식, 『평화학과 평화운동』(모시는사람들, 2016), 199~200쪽.

한다고 해서 그 과정이 언제나 순조로운 것은 아니다. 문화가 만나는 지점에서는 필연적으로 갈등이 발생한다. 이는 모든 사회가 갖는 보편적 현상이다.

갈등은 생성·증대·감소·소멸이라는 단계를 선형적으로 따르지 않으며, 다원화된 사회에서 갈등을 완전히 제거하는 것은 불가능하다. 갈등은 사회 변화와 함께 지속적으로 발생하며, 시간이 지나면 저절로 사라지거나 완화되는 것도 아니다.[32)]

갈등은 어떻게 대처하느냐에 따라 그 양상이 달라진다. 보상, 포기, 타협, 초월 등의 방식에 따라 갈등이 증폭될 수도 있고, 완화하거나 소멸시키는 계기가 될 수도 있다.

통일 한국의 사회통합을 남북의 차이를 인정·존중하면서 공동의 가치와 연대성을 구축해 나가는 과정으로 이해한다면, 제도적·구조적 통합보다 일상적 차원의 미시적·문화적 통합이 더욱 중요한 과제로 부각될 것이다. 남북 협력사업은 이러한 문화통합 과정에서 발생할 수 있는 문화적 충격을 최소화하고, 상호 이해의 폭을 넓힌다는 의미를 지닌다.

문화번역이 필요하다. 분단 문화와 분단 의식을 극복하기 위한

---

32) 요한 갈퉁, 『평화적 수단에 의한 평화』(들녘, 2000), 217~223쪽 참고.

교량자로서 그 역할이 강화되어야 한다. 한반도 문제의 건강성을 회복하기 위해서는 분단 문제를 재인식하고, 생태적 관점에서 통일문제를 다시 바라보아야 한다.

통일문제에 대한 건강한 학습을 통해 통일문제 재인식의 실마리를 찾을 수 있기 때문이다. "학습은 기본적으로 너와 내가 학습 과정뿐 아니라 학습 결과까지도 서로 주고받음으로써 함께 성장해 나가는 생태적 관계 맺음의 과정"이 되어야 한다.

제8부
통일을 디자인 하라

콘텐츠의 시선으로 상상

통일을 준비해야 할 필요성이 그 어느 때보다 높아지고 있다. 민족적 동질성에 기대어 막연한 바람을 이야기하던 시대는 지나갔다.

이제 통일은 국가 발전의 전략이라는 관점에서 접근해야 할 문제다. 그러나 통일의 시대적 요구가 커지는 만큼 우리의 준비는 여전히 부족하다.

왜 우리는 통일을 이야기하면서도 정작 준비하지 못하고 있는가.

그 이유는 두 가지로 볼 수 있다.

첫째, 통일이 아직 현실의 문제로 체감되지 않기 때문이다. 남북은 분단 이후 줄곧 통일을 강조해 왔다. 하지만, 그 많은 '통일 담론'은 실제 준비라기보다 희망에 가까웠다. "우리는 통일을 간절히 원하지만, 저쪽이 방해한다"는 메시지를 강화하기 위한 것에 지나지 않았다. 통일을 하지 못하는 이유를 상대에게 돌림으로써 자국의 체제를 정당화하고, 때로는 내부 비판을 피하는 방패막이로 삼기도 했다. '적대적 공생관계'의 구조를 넘지 못했다.

둘째, 적대적 공생이 남긴 상처가 너무 깊다는 점이다. 수십년간 서로를 적대시해 온 남북이 갑자기 화해하는 일은 극적일 수 있다. 그러나 그 극적인 장면 뒤에는 여전히 넘어서야 할 불신의 벽이 놓여 있다. 신뢰를 쌓기에는 갈 길이 멀고, 작은 사건 하나에도 불안이 증폭되는 현실이 이를 증명한다. 한반도 문제의 평화적 해결을 상상하기 어려운 것도 이런 조건에서 비롯된다.

이런 상황에서 통일 콘텐츠의 역할은 새롭게 조명될 필요가 있다. 통일 콘텐츠는 '의무'나 '사명'이라는 낡은 틀을 벗어나, 시대에 맞는 시각과 언어로 통일을 구체적 현실의 문제로 인식하게 만드는 콘텐츠가 필요하다.

특별한 형식을 요구하는 것도 아니다. 새로운 것은 형식이 아니라 시선이다. 우리의 일상 속에는 이미 통일과 분단을 말해주는 현상과 문화가 곳곳에 존재한다. 다만 그것을 새롭게 읽어내는 눈이 필요할 뿐이다.

통일이 어떤 의미를 갖는지, 어떤 언어와 이미지로 통일을 설명할 것인지, 누군가는 이제 본격적으로 고민을 시작해야 한다. 시작하는 사람이 많을수록 통일 담론은 넓어지고, 한발 먼저 시작한 이가 더 많은 상상력과 기회를 누릴 수 있을 것이다.

통일의 시선으로 세계를 바라보면 모든 것이 콘텐츠가 된다. 나무에 남은 옹이는 분단의 상처처럼 보이고, 굵은 가지 끝에 돋아난 새싹은 통일의 희망처럼 느껴진다.

겨울 바다의 매서운 바람을 뚫고 날아가는 갈매기에서는 남북 관계의 험난함을 읽게 되고, 해금강 위로 떠오르는 일출에서는 통일 한국의 새로운 비전을 떠올릴 수 있다.

통일을 바라보는 시선이 달라지면 통일을 준비하는 방식도 달라진다. 그리고 그 변화는 콘텐츠를 통해 시작될 수 있다. 우리가 그 가능성을 조금만 더 진지하게 들여다본다면, 통일은 막연한 소망이 아니라 우리가 함께 만들어갈 현실이 될 것이다.

통일, 목표보다 어려운 방법

통일이 이루어지면 국제사회에서 강대국으로 성장할 뿐 아니라 민주주의가 더욱 성숙하고, 경제적으로 풍요로우며, 다양한 문화가 소통되는 정의로운 사회가 될 것이라고 말한다. 통일은 곧 선진국으로 가는 지름길이며, 행복한 국가로 가는 가장 빠른 길처럼 보인다.

정말 그럴까? 통일이 그렇게 좋다면, 왜 젊은 세대는 통일에 부정적일까? 북한 문제나 통일 문제에 조금이라도 관심이 있는 사람들조차 "통일이 되면 바로 그런 이상적인 사회가 될 것"이라고 자신 있게 말할 수 있을까?

설령 통일 후 몇십 년 뒤에는 그렇게 될 수 있다고 가정하더라도, "오늘을 투자하는 셈 치고 통일기금을 내라"고 하면 기꺼이 동참할 사람이 얼마나 될까?

불가능한 일은 아니다. 그렇게 만들어야 한다. 통일한국의 위상이 세계 속에서 높아진다면 그것만큼 좋은 일도 없을 것이다.

그러나 분명한 사실은, 통일은 단순히 '좋다/나쁘다'의 문제가 아니라, 우리에게 훨씬 더 깊은 성찰과 실질적인 노력을 요구하는 과제라는 점이다.

독일의 통일과 사회통합의 경험은 이것을 명확히 보여준다. 통일은 목표만 세운다고 이루어지는 것이 아니며, 무엇보다 중요한 것은 그 목표에 이르는 과정이다.

문제는 실현하는 과정에 대한 진지한 논의와 준비가 부족하다는 것이다. 북한의 최고지도자가 병들거나 새로운 지도자가 등장할 때마다 내부에서 자중지란이 발생하고, 결국 시민혁명으로 통일에 이른다는 기대가 반복된다.

북한이 혼란에 빠지면 북한 주민의 불만이 폭발해 민주화로 이어지고, 결국 통일이 될 것이라는 '시나리오'는 지난 수십 년 동안 특별한 변화 없이 되풀이된 기대일 뿐이다. 북한의 몰락이나 지도층 붕괴, 또는 내부 통제 불능을 기다리며 끊임없이 징후를 포착하려 한다. 북한 주민이 남한 노래를 부르고, 남한 드라마를 보고, 시장이 확장되는 현상을 '변화'라고 힘주어 말한다.

그런 것이 정말 변화일까? 변화는 변화의 계기와 동력이 있어야 하고, 지속할 수 있는 역량이 있어야 한다. 통일 과정에 대한 진지한 논의와 준비 없이, 북한 주민이 대한민국의 가치에 전적으로 동의하고 과거의 체제를 서슴없이 벗어 버린 뒤 곧바로 대한민국에 충성을 다할 것이라고 생각한다면 그것이야말로 철부지 같은 발상이다.

통일 문제는 파고들수록 어렵고 복잡하다. 분단 체제의 고통과 상처가 뒤엉킨 중증 환자를 다루는 일이자, 이해관계와 감정 관계가 복잡하게 얽힌 '복잡계 문제(complex system)'이다.

통일기획과 문화디자인

통일의 가치에 대한 의미는 시대에 따라 새롭게 인식되어야 한다. 전후세대의 등장과 문화다양성 시대의 전개는 통일에 대한 새로운 의미 부여를 요구하고 있다.

통일은 '민족사적 과제'이며 '민족공동체 구성을 위한 필연적 목표'라는 전통적 인식에 더해, 새로운 해석의 지평으로 나아가야 한다. 다시 말해, 통일의 의미 자체에 대한 '통일된 의견'과 '통일된 공감대'를 형성하는 단계로까지 발전해야 한다.

남북 교류와 화해 협력이 통일로 이어질 것이라는 낙관적 기대는 현실의 벽에 부딪혔다. 과거 정부에서 추진된 교류 협력도 기대만큼의 구조적 변화를 만들지 못했다. 북한의 핵 개발과 미사일 시험발사 등 국제정치적 현실 속에서 통일문제는 사회적 공감을 얻기 어려운 의제가 되었다. 통일을 강조하기에 앞서,

통일이 무엇이며 어떤 의미를 갖는지에 대한 가치적 성찰과 응답이 필요하다.

남북 관계 경색의 책임을 단순히 정권의 문제로 돌릴 수 없다. 근본적인 원인은 남북 관계를 바라보는 인식틀에 있다. 남북 교류의 시기에도 '북한은 본질적으로 변화하지 않는다'는 북한 불변론은 강하게 유지되었고, 이는 교류 협력 사업을 '변하지 않을 북한에 대한 지원', 즉 '퍼주기'로 인식하게 하는 구조적 문화를 형성했다.

통일은 단순한 교류협력 정책으로 해결될 수 없으며, 분단에 대한 근원적 성찰을 바탕으로 분단을 극복할 수 있는 동력을 축적해 나가야 한다. 통일은 누적된 문제를 점진적으로 풀어 가는 '지속적 분단 극복의 과정'이다. 생태계가 혼란과 균열을 겪으며 자체로 건강성을 회복하듯, 통일생태계 역시 자기조직화가 이루어져야 하며, 그렇지 않을 경우 통일 과정과 이후의 갈등을 해결하기 어려워질 것이다.

새로운 통일담론은 정치적·제도적 차원을 넘어서, 분단된 삶의 조건을 회복하고 인간과 사회의 관계를 재구성하는 방향으로 나아가야 한다. 미래지향적이며 포용적인 통일운동, 모든 세대가 함께할 수 있는 통일문화가 필요하다. 이를 위해서는 순환성과 자기조절 능력을 갖춘 건강한 통일생태계를 구축하는 것이 필수적이며, 남북 모두가 주체로서 이 과정에 참여해야 한다.

통일 생태계를 형성하기 위한 실천적 접근으로서 '건강한 문화번역'의 역할은 매우 중요하다. 서구적 시각으로 타 문화를 번역해 왔던 것처럼, 남한의 북한 인식 역시 남한 중심적 언어와 시각을 통해 재구성되어 왔다. 이 과정에서 북한의 주체성은 충분히 고려되지 못했다.

북한 문화에 대한 올바른 이해를 위해서는 남한에서 북한을 해석했던 시선을 비판적으로 성찰해야 한다. 북한은 북한의 방식으로 해석되어야 방향성을 바로 잡을 수 있다. 이러한 상호성이 축적될 때 통일을 향한 새로운 가치가 만들어질 수 있다. 통일에 대한 풍요로운 담론은 남북 문화번역, 그리고 남한 주민과 북한(이탈)주민 간의 문화번역을 통해 실질적으로 확장될 수 있다.

더 나아가, 기존 통일 담론에 사용되었던 개념과 의미들에 대해서도 문화번역적 접근이 요구된다. 통일 관련 개념이 어떤 맥락 속에서 생성되고 사용되었는지를 검토하고, 이를 기반으로 통일 담론을 화행론적 관점에서 재구성해야 한다. '민족사적 당위'나 '경제적 통일 이익'에 머무는 것이 아니라, 건강한 한반도 통일 국가의 미래를 설계하는 담론으로 나아가야 한다. 건강한 한반도 통일 국가를 위한 미래 기획으로서 통일을 디자인해야 한다.

통일, 현실과 상상 사이

상상력은 현실 문제와는 거리가 먼 개념으로 생각한다. 통일과 상상력은 어울리지 않는 조합이라고 여긴다. 상상력과 통일문제가 어떤 관련이 있을까. 아직까지는 별다른 연관이 없어 보인다.

사회과학의 관점에서 보면 상상력은 논리 없는 허망한 이야기처럼 들린다. '통일은 상상력'이라는 말보다 '통일은 현실'이라는 말이 훨씬 실감난다. 통일이 현실이라는 말에 이견을 제기할 사람은 없을 것이다.

그렇다. 통일은 현실이다. 남북이 총칼을 겨누고 생사를 건 대결을 벌이는 현실이고, 자유민주주의 가치와 시장경제를 바탕으로 하나의 공동체를 이루어야 하는 현실이며, 역사적으로 주어진 민족적 과제라는 현실이다. 또한 향후 대한민국이 풀어나가야 할 가장 큰 현실적 과제 가운데 하나이기도 하다. 그렇게 통일은 치열한 현실이며, 우리의 목표가 되어 왔다.

하지만 현실은 통일을 떠나고 있다. 통일이 현실이고 목표가 되었지만, 정작 통일은 현실로부터 멀어지고 있다. 통일에 대한 관심도 줄고, 고민도 줄었다.

통일을 많이 이야기할수록 현실은 통일과 더욱 멀어지고 있는 듯하다. 분단의 원인이나 상처, 한반도의 고통에 대해 고민하는 사람은 많지만, 시간이 흐르면서 분단의 기억도 상처도 희미해지고 있다.

학교에서 분단이나 통일을 배우지 못한다. 대학에서도 상황은 크게 다르지 않다. '우리의 소원은 통일'이라고 말했다가는 이상한 사람 취급을 받기 쉽다. 자녀가 "저는 커서 통일의 일군이 되겠어요"라고 말한다면 우리는 어떻게 반응할까. '참 기특하구나'라고 말할 수 있을까.

텔레비전을 켜면 케이블 채널이 수백 개지만 통일 관련 방송은 없다. 공중파도 별반 다르지 않다. 방송 시간이 늘어나도 통일문제를 다루는 공론의 장은 비어 있다. 종편에서 간혹 다루기도 하지만, 통일을 위한 준비라기보다는 제작비 대비 효율이 좋은 '시청률 콘텐츠'로 활용되는 경우가 많아 보인다. '북한 현실'을 다룬다고 하지만 무엇이 현실인지, 어디까지 현실인지 모호할 때도 많다. 구조적으로 양질의 프로그램이 지속되기 어려운 환경이다.

정부의 통일 교육 역시 장기적인 비전이나 통일 설계와는 거리가 있어 보인다. 통일 이해 자료나 교육 지침서는 매년 새로 발간되고, 또 매년 내용이 달라진다. 오늘 배운 것이 내년에 바뀌고, 후년에 또 달라질 것이다. 교육을 담당하는 자원도 한정되어 있다.

통일이 현실이라고 하지만, 관련 전문 인력을 양성할 시스템은 매우 취약하다. 대학에는 반려동물 관련 학과가 있는 곳이 50개 가까이 된다. 반려동물학과, 반려동물케어과, 동물매개케어학과, 반려동물보건학과, 반려동물산업학과, 번료동물문화학과, 동물사육복지과 등등이 있다. 반면, 북한학과가 있는 대학은 손에 꼽을 정도이다. 통일을 준비하는 대한민국의 현실이다.

대학 구조조정 논의가 나올 때마다 가장 먼저 축소·폐지가 논의되는 분야가 북한·통일 관련 학과다. 이렇다 보니 제대로 된 전문 인력이 길러지기 어렵다. 북한 문제에 대해 조금만 알면 통일 교육위원이 될 수 있고, 정권이 바뀌면 교육위원도 교체된다. 교육위원의 자질 기준도 없고, 역량을 강화할 체계도 없다. 북한 관련 논문 몇 편만 쓰면 금방 전문가로 불리는 것이 현실이다.

한국연구재단 학문 분류에서 북한어문학은 '기타 어문학'에 속해 있다. 국·영·불·독 등 주요 어문학 분야를 제외한 나머지에 '북한어문학'이 포함된 것이다. 북한어문학은 한국학의 구조에서도 주변부로 밀려나 있다.

북한 연구와 통일연구라는 기반 연구가 부실하니 통일의 토대가 약해지는 것은 당연하다. 북한 문제와 통일 문제는 우리 사회의 공적 영역이고, 학술 연구는 사회 전체의 이익으로 환원되어야 한다.

사회가 관심을 가지고 미래를 위해 투자할 때 사회적 비용을 줄이고 효용을 높일 수 있다. 사실 분석과 정치적 판단을 혼동해서는 안 된다. 어떤 정책을 선택하든 판단의 근거는 사실이어야 한다. 학술적 기반은 사실을 평가할 사회적 기반이다. 기반이 부실하면 올바른 정책 추진이 어렵다. 통일이 우리의 현실이라면, 통일문제에 대한 객관적 토대는 반드시 튼튼해야 한다.

통일, 거세된 상상력

통일문제가 현실에 붙들려 있는 한 통일은 현실을 떠나지 못한다. 현실 문제를 해결하지 못하면 미래로 나아갈 수 없기 때문이다. 그 결과 분단의 현실과 통일의 미래 사이의 거리는 더욱 멀어진다. 통일이 가까워졌다고 말하지만, 정작 통일한국의 목표는 점점 더 멀어지고 있다.

통일만 되면 선진국에 진입하고, 강대국으로서의 기본 조건을 갖추게 된다고 말한다. 통일이 되면 남북한의 자원이 효율적으로 분배되고, 개인의 가치가 향상된다고 한다. 이산가족이 자유롭게 왕래하고, 아시아 대륙으로 이어지는 새로운 길이 열리며, 자유민주주의 가치가 확산되고, 글로벌 시민사회 성원으로 세계에 나서게 된다고도 말한다. 또한 많은 사람들이 더 큰 복지와 자유, 평화를 누리게 될 것이라 전망한다.

우리가 그리는 통일한국의 비전이다. 아름답고 이상적인 비전이다. 아름다운 인상으로서 통일을 설정하고, 해야 한다고 말하는 것은 맹신에 가깝다.

비전을 실현할 구체성이 있어야 한다. 통일에 대한 우리의 현실 인식이 이 비전을 실제로 뒷받침하고 있을지를 돌아보아야 한다. 통일은 로또처럼 갑자기 행운을 가져다주지 않는다. 흥부의 박처럼 저절로 금은보화가 쏟아지는 것도 아니다. 통일한국이 도깨비방망이처럼 하루아침에 뚝딱 이루어지는 것도 아니다.

통일되어야 한다고 말한다. 그러나 통일은 '되는 것'이 아니라 '하는 것'이다. '통일이 되면'이라는 가정형 문장은 의미가 없다. 국민소득 4만 달러가 되면 행복해질 것이라는 말과 다르지 않다. 국민소득이 많아졌다고 해서 행복이 저절로 생기지 않는 것처럼, 통일도 저절로 이루어지지 않는다.

목표 의식이 분명해야 하고, 그 목표에 이르는 방법도 치밀해야 한다. 통일에 대한 구체적 설계도와 통일 과정에서 맞닥뜨릴 미래의 모습이 그려져야 한다. 그렇게 통일은 상상되어야 한다.

그러나 우리의 통일담론에서 상상력은 사실상 거세되었다. 우리 사회에서 통일은 남북 대결의 종착점으로 간주된다. 직접적으로 말하지 않더라도, 통일은 '누가 옳았는지를 증명하는 결과',

'남북 체제 경쟁의 승자를 가리는 결말'이라는 인식이 공유되어 있다.

분단을 경험한 세대에게는 이것이 가장 확실한 체제 경쟁의 끝일지 모른다. 통일은 분단구조의 극복이 아니라, 분단구조가 낳은 승자와 패자를 확정하는 결과로 이해된다. 그래서 통일은 언제나 현실이다. 치열하게 싸워야 하는 현실이었고, 반드시 이겨야 하는 현실이었다. 그런 이유로 통일 이후의 사회를 상상할 상상력이 개입할 여지가 사라져 왔다.

통일은 되는 것이 아니라 하는 것이다

통일이 우리 사회의 100% 목표가 되어서는 안 된다. 통일로 모든 문제가 해결되는 것도, 통일로 모든 것이 이루어지는 것도 아니기 때문이다.

통일도 길게 보면 한민족 역사의 한 페이지일 뿐이다. 통일 이후에도 남북 주민은 통일한국에서 함께 살아가야 한다. 통일 과정도, 통일 준비도 결국 이 땅에서 살아갈 사람들을 위해 기획되고 준비되어야 한다. 통일 이후의 다음 페이지를 쓸 준비가 필요하다.

통일이 되면 어떻게 될까? 육로를 따라 백두산으로 수학여행을 가고, 묘향산으로 MT를 가며, 이산가족은 자유롭게 왕래하고, 명절마다 남과 북이 고향을 찾아 오가는 '민족 대이동'이 일어날 것이라고 상상한다. 낯설지만 매력적인 북한 예술단의 공연을 가까이에서 볼 수도 있을 것이다.

그리고 또 무엇이 있을까? 남쪽의 세련된 남성과 활발하고 고운 북쪽 여성이 만나 가정을 꾸리는 '통일가정'도 생겨날 것이다.

우리는 대체로 이런 것들을 통일로 상상한다.

학교에서도 이렇게 될 것이라고 가르친다. 그런데 정말 그렇게 될까? 남측 학생들이 묘향산으로 수학여행을 간다면, 북측 학생들은 제주도나 지리산으로 올까? 통일가정은 과연 행복할까? 그들 사이에서 태어난 아이는 '통일동이'라는 축복을 받을 수 있을까? 아이는 엄마와 아빠의 말을 동시에 익히며 누구의 언어를 따라 쓰게 될까? 학교에서는 어떤 가르침을 배우며 자랄까? 지나간 통일의 의미는 어떤 방식으로 교육받게 될까?

저절로 이루어지지 않는 통일을 위해, 저절로 그렇게 되지 않을 미래를 위해 준비해야 한다. 통일의 가치와 의미를 찾고, 통일한국에서 살아갈 사람들을 위해 준비해야 한다. 통일이 가져올 불편과 지난한 통합 과정에서 마주할 문제들을 극복할 준비가 필요하다. 이것이 통일이 주는 진짜 현실이다.

통일 이후의 삶을 위해 통일 미래에 대한 구체적인 상상력이 요구된다. 무엇을 해야 하고, 어떻게 해야 할지를 아주 구체적으로 상상하고, 통일한국의 비전을 만들어 나가야 한다.

우선 필요한 것은 문화적 소통이다. 사회문화 분야의 통일 목표로 제시되는 '사회문화공동체'는 정치공동체나 경제공동체와는 본질적으로 다르다. 정치·경제공동체는 통일된 법과 제도라는 명확한 목표를 지향하지만, 사회문화공동체는 단일한 체계를 목표로 하지 않는다.

'문화 동질성'은 매우 위험하고 폭력적인 의미를 내포한다. '질적으로 같게 만든다'는 것은 전제 체제에서나 가능한 일이다. 문화는 본디 다양하다. 다양성이 확보되어야 한다. 통일에서 의미하는 사회문화적 공동체는 다양한 가치가 공존하고 소통되는 체계를 의미한다. 문화적 통합에 대한 낙관은 우리 사회가 지닌 문화적 포용력이 클수록 높아진다. 백리를 가는 사람과 천리를 가는 사람은 다르게 준비하듯, 통일은 민족의 먼 미래를 바라보며 준비해야 한다.

통일의 가치와 의미는 미래에서 찾아야 한다. 통일한국이 만들어 나갈 미래에서 찾아야 한다. 함께 논의해야 한다.

통일은 분단 역사의 승패를 결정하는 결과가 되어서는 안 된다. 통일의 가치를 기획하고 통일 과정을 설계해야 한다. 이를 통해 사회적 합의를 이끌어야 한다. 정치·경제적으로 통일이 이루어진다 해도 통일사회의 가치가 마련되지 못한다면 통일은 미완에 그칠 것이다. 온전한 통일을 위해 지금부터 설계하고, 지금부터 디자인해야 한다. 통일은 그렇게 디자인되어야 한다.

통일 사유의 선순환

남북 분단의 역사가 우리에게 새겨 놓은 마음의 장벽, 분단의 상처가 아로새긴 몸의 기억을 바꾸기는 쉽지 않다. 통일을 이야기하고 남북관계 개선을 말하지만, 남남갈등이 계속되는 것도, 통일 준비와 남북관계 개선이 어려운 것도 몸에 밴 기억이 깊게 자리하고 있기 때문이다.

남북 관계의 발전을 말하지만, 남북 사이에 뿌리 깊은 기억의 힘과 몸이 기억하는 감각이 있는 한 마음을 쉽게 열기 어렵다. 남북 간 불신은 하루아침에 생긴 것이 아니므로 하루라도 쉽게 사라질 수 없다. 누가 어떤 말을 해도 그 진정성보다 말 뒤에 감춰진 의도를 먼저 떠올리게 된다. 기나긴 분단의 세월이 만든 결과이다.

남북관계 발전을 위해서는 실천 가능한 분야부터 시작해야 한다. 작은 일부터 차근차근 실천하다 보면 더 큰 일도 할 수 있게 될 것이다. 정부의 대북정책인 '신뢰 프로세스'의 본질도 크게 다르지 않다.

불신에서 신뢰로 나아가기 위해서는 불신을 줄이는 과정과 신뢰를 쌓는 과정이 함께 이루어져야 한다. 신뢰와 불신은 흑과 백처럼 단순히 나눠지지 않는다. 그 사이에는 다양한 단계가 존재한다. 사회문화 교류는 정치적 신뢰와 불신 사이를 이어주는 작은 디딤돌과 같다. 큰 정치적 결단이나 부담 없이도 실천할 수 있는 일을 가능하게 하고, 이를 통해 더 큰 과제를 수행할 수 있게 한다. 과거의 사회문화 교류는 이러한 가능성을 보여준 바 있다.

통일은 오랫동안 분단되어 살아온 남북의 삶이 하나가 되는 지난한 과정이다. 십리를 가는 사람과 천리를 가는 사람의 보따리가 다르듯, 분명한 원칙과 충분한 계획이 필요하다. 통일을 향한 길이 아무리 험하고 해야 할 일이 많다 해도 서둘러서는 안 된다. 그러나 그렇다고 시간을 무한정 맡겨둘 수도 없다. 통일은 때가 되면 저절로 이루어지는 것이 아니다.

통일은 '되는 것'이 아니라 '하는 것'이다. 통일이 되면 저절로 강대국이 되거나 자유민주주의와 평등이 실현되는 사회가 자동으로 만들어지지 않는다. 그렇게 만들어가야 한다. 그래서 지금 준비해야 한다.

지금 준비하지 않고 나중에 좋은 결과를 기대할 수는 없다. 남북 관계가 저절로 선순환되기를 바랄 수도 없다. 가능한 일부터 실행하고, 그 결과로 더 큰 일을 만들어야 한다. 그렇게 통일을 향해 물이 흘러가듯 통합의 물길을 만들어야 한다.

교류협력은 남북 관계 개선을 위한 핏줄이다. 교류와 협력은 단순히 물자를 주고받는 과정이 아니다. 그것은 통일생태계를 푸르게 가꾸는 젖줄이자, 통일한국을 꽃피우는 생명수다. 대한민국의 미래 성장 동력을 마련하고, 북방을 통해 대륙으로 나아가는 문명의 길을 다시 열어야 한다.

한반도를 통해 대륙과 해양으로 이어졌던 문명의 이동을 다시 활성화해야 한다. 교류와 협력을 통해 더 넓은 세상을 바라보고, 더 좋은 세상에 대한 꿈을 품게 해야 한다. 통일에 대한 꿈을 키우고 긍정적 이미지를 만들어야 한다.

대한민국의 '미래'를 위해 통일을 준비해야 한다. 통일이 되면 선진국으로 진입하고 강대국으로 발전할 수 있는 기반을 갖추어야 한다. 남북한 자원의 효율적 분배, 개인 가치의 상승, 이산가족의 자유로운 왕래, 대륙과 해양으로 이어지는 교통망 구축, 자유민주주의 가치의 확산, 글로벌 시민사회의 당당한 일원으로 활약하는 통일한국—이 모든 비전을 현실화할 수 있도록 준비해야 한다. 보다 많은 한반도 공동체가 복지와 자유, 평화의 가치를 누릴 수 있어야 한다.

남북은 분단의 시간만큼 서로 다른 삶을 살고 있다. 문화적 공통성이 사라질 정도로 달라졌다. 소통 없이 지나온 세월이 만든 결과이다. 남북 문화의 이질화를 당연시해서는 안 된다. 통일이 아니어도 문화적 혈맥을 이어 가는 노력이 필요하다. 이를 통해 보편적 가치와 기준이 통용될 수 있도록 해야 한다. 사회문화 교류는 즉각적 성과를 얻기 위한 것이 아니라, 통일 과정에서 지불해야 할 비용을 최소화하고 그 이익을 통일한국으로 환원하는 과정이다.

막히면 뚫고 나아가는 뚝심과 걸리면 돌아가는 지혜가 필요하다. 막혔다고 주저앉아서는 안 되고, 걸린다고 되돌아가서도 안 된다. 산이 강을 넘지 못하는 것인지, 강이 산을 넘지 못하는 것인지는 생각하기에 따라 다르다. 산처럼 굳건히 버티는 힘과 강처럼 돌아서 길을 찾는 지혜를 모두 배워야 한다.

복원되어야 할 것

대한민국에서 북한을 공부한다는 것은 어떤 의미를 갖는가. 분단국가에서 통일을 준비한다는 것은 또 무엇을 뜻하는가.

이러한 질문 앞에서 가장 먼저 호출된 것은 '한민족'이었다. 한민족이라는 말은 오랫동안 남북 분단과 통일 문제를 관통하는 신성한 언어로 기능해 왔다. 적어도 얼마 전까지는 그러했다.

정말 우리는 '한(韓)민족으로서, 하나의 민족'인가? 이 질문은 불편하지만 피할 수 없다.

이스라엘의 민족 정책을 보면 경이로움과 동시에 애잔함을 느끼게 된다. 언어도, 국적도, 피부색도 달라진 유대인들이 아프리카에서 시베리아에 이르기까지 민족의 뿌리를 추적하고 복원하려는 노력은, 나라를 잃었던 집단기억이 민족사에 깊이 각인된 결과일 것이다. 그렇다면 우리는 어떠한가.

2009년, 반세기 동안 녹슬어 방치되었던 경의선 장단역 증기기관차가 복원되어 다시 전시되었다. 수십 년간 노천에 방치되었던 이 기관차는 전문가들의 오랜 노력 끝에 원형에 가깝게 되살아났다.

80톤에 이르는 철마에는 5센티미터 두께의 녹이 쌓여 있었고, 이를 제거하는 데만 2년이 넘는 시간이 소요되었다고 한다. 보존처리를 거쳐 임진각 관광지에 전시된 이 기관차를 보며, 문득 이런 생각이 든다. 녹슨 것이 어찌 철도 기관차뿐이겠는가. 수십 년 동안 방치된 것이 과연 눈에 보이는 것들뿐이겠는가.

북한과 남한은 이념과 사상이 갈라놓은 두 개의 땅이다. 그 이상도, 그 이하도 아니다. 분단은 우리 민족이 원했던 결과가 아니었다. 힘이 정당성을 대변하던 시대, 외세의 침략과 내부 정치의 무능이 만들어 낸 민족사의 비극이었다. 그 과정에서 분단의 상처는 원망으로 켜켜이 쌓였고, 두터운 감정의 골을 형성하였다.

서로 다른 정치체제와 전쟁의 트라우마는 문화적 감각과 정서마저 변형시켰다. 버려졌던 녹슨 기차는 복원하면서, 민족적 문화의 복원에는 왜 이토록 무관심한가라는 질문을 피하기 어렵다.

짧은 시간 동안 '민족'이라는 말은 비학술적인 용어로 취급되기 시작했다. 정치적으로는 민족주의가 용공이나 친북의 언어로 규정되기도 했고, 문화적으로는 배타적 민족주의의 상징으로 간주되기도 했다. 그 결과 '민족'이라는 개념은 극단적인 의미 사이를 오가며 편향되었다. 북쪽에서 '우리 민족'에 정치적 의미를 부여하는 동안, 남쪽에서는 그 표현 자체를 특정 이념의 언어로 낙인찍는 경향이 강화되었다.

과거 '동무'라는 말이 그랬다. '어깨동무', '길동무'처럼 친밀함을 담은 말이었지만, 분단 이후 이 단어는 정치적 의미를 덧입으며 남쪽에서 배제되었다. 이러한 언어의 변형은 민족 감각의 균열을 상징적으로 보여준다. 머지않아 '느네 민족', '제네 민족'이라는 표현이 자연스러워지지 않을지 우려스럽다.

그럼에도 불구하고 이러한 복원 노력은 포기될 수 없다. 반세기 넘는 분단은 민족의 정서를 크게 변화시켰고, 복원에는 상당한 시간과 비용이 소요될 것이다. 그러나 비용이 든다는 이유만으로 방치할 문제는 아니다. 함께 나아가야 한다면, 서로를 아는 것이 출발점일 수밖에 없다. 이 점에서 '북한학'은 서로를 이해하기 위한 최소한의 토대가 될 수 있다. 그렇게 믿고 싶다.

특히 북한의 문화와 예술에 대한 보다 객관적인 분석과 접근이 필요하다. 문화와 예술은 정치적 이해관계를 넘어, 남북의 거리를 상대적으로 덜 긴장된 방식으로 좁혀온 영역이었다. 민족의 전통 의상을 입고, 우리 가락에 맞춰 춤을 추는 북한의 무용수들은 우리가 여전히 같은 문화적 뿌리를 공유하고 있음을 환기시켜 준다. 언어와 의복, 음식과 전통이 살아 있는 한, 민족문화의 유전자는 완전히 소멸되지 않았다고 볼 수 있다.

문제는 정치였다. 정치는 민족의 문제를 정치의 문제로 환원시켰다. 분단 이후 북한 연구는 오랫동안 국가보안법의 시선 속에서 이루어졌다. 북한 자료는 불온서적으로 취급되었고, 연구자는 은연중에 자신의 '비불온성'을 증명해야 했다. 특수자료로 명칭이 바뀐 이후에도 이러한 분위기는 크게 달라지지 않았다. 이제 북한 자료는 통일을 위한 사료이자, 민족문화 복원을 위한 공적 자산으로 재규정될 필요가 있다.

다시 돌아온 질문 '통일'은 무엇인가

통일의 가치는 고정된 것이 아니라 시대 변화에 따라 새롭게 해석되어야 한다. 전후세대의 등장과 문화다양성 시대의 전개는 통일을 더 이상 과거의 언어로만 이해할 수 없음을 보여준다.

통일을 '민족사적 과제', '민족공동체 구성을 위한 필연적 목표'로 규정해 온 전통적 인식은 여전히 유효하지만, 이제는 그 위에 새로운 의미 지평을 덧붙여야 한다. 다시 말해, 통일 자체에 대한 사회적 합의, 곧 '통일에 대한 통일', '통일된 공감대'의 형성으로 나아가야 한다.

한때 남북 교류와 화해 협력이 한반도 통일에 실질적으로 기여할 것이라는 낙관적 전망도 있었다. 국민의정부와 참여정부 시기에 추진된 남북 교류협력 사업은 남북 관계의 구조적 변화를 이끌 것이라는 기대를 모았다.

그러나 북한의 핵 개발과 미사일 시험발사 등 안보 환경의 변화는 통일문제를 쉽게 공감하기 어려운 의제로 만들어 버렸다. 이런 상황에서 통일을 강조하고 관심을 촉구하는 것만으로는 충분하지 않다. 먼저 통일이 무엇을 의미하며, 왜 그리고 어떤 방식으로 우리 사회의 과제가 되어야 하는지에 대한 가치적 성찰과 응답이 요구된다.

이 문제를 단순히 정권의 문제로만 돌릴 수는 없다. 남북 관계 경색의 일차적인 원인은 북핵 문제를 비롯한 예기치 못한 사건들이었지만, 더 근본적인 문제는 '남북 관계에 대한 인식의 틀'에 있다.

남북 교류 협력 시기에도 끊임없이 제기되었던 것은 '북한 본질론'이었다. '북한은 변하지 않는다', '무엇을 해도 달라지지 않을 것'이라는 북한 불변론이 사회 전반에 자리 잡고 있었다. 남북 교류협력이 '퍼주기' 논란에 휩싸인 것도, 그것이 '어차피 변하지 않을 북한에 대한 일방적 지원'으로 인식되는 구조적 문제가 있었기 때문이다.

통일은 남북 교류와 협력이라는 대북정책만으로 해결될 수 없다. 한반도 분단에 대한 근원적 성찰과, 분단을 극복할 수 있는 동력을 만들어내는 과정이 필요하다. 통일은 산적한 문제를 하나씩 해결해가는 '연속적인 분단 극복의 과정'이 되어야 한다. 생태계가 일시적인 혼란과 요동을 거치며 스스로의 건강성을 회복하듯, 통일생태계의 자기 조직화가 이루어지지 않는다면 통일 과정과 통일 이후에 발생할 갈등을 극복하기는 어려울 것이다.

새로운 통일담론은 이전의 정치적·제도적 차원의 통일을 넘어, 인간과 인간의 삶이 하나가 되는 통일, 우리 사회의 분단갈등을 극복하는 미래지향적 통일, 남녀와 노소가 함께하는 통일운동이 되어야 한다. 이를 위해서는 건강한 통일생태계를 구축해야 하며, 통일의 순환성과 자기조절 능력을 갖추어야 한다. 생태적 관계 맺음의 과정으로서 통일은 남북이 각각 주체로서 건강성을 회복해 나가는 과정이어야 한다.

올바른 통일 생태계를 구축하기 위한 실천적 과제로 '건강한 문화번역'이 요청된다. 서구적 시각으로는 이해할 수 없는 문화의 영역을 각 사회의 언어로 번역해 왔듯이, 남한에서 이루어진 북한에 대한 번역 역시 서구화된 남한의 언어와 시각으로 북한을 독해하는 방식이었다. 이 과정에서 타자로서 북한의 주체성은 충분히 인정되지 못했다.

북한 문화에 대한 이해와 소통을 위해서는 건강한 문화번역이 필요하다. 건강한 문화번역이란 타자로서 북한을 바라보는 우리의 시선에 대한 성찰을 요구한다. 우리 내면에 대한 성찰과 함께 북한 문화에 대한 올바른 이해와, 북한을 하나의 주체로 인정하는 태도가 필요하다. 이를 바탕으로 상호성에 의거한 통일 가치를 만들어 가야 한다. 통일에 대한 풍요로운 담론은 남북 간 문화번역, 그리고 남한 주민과 북한(이탈)주민 사이의 문화번역을 통해 실천될 수 있다.

또한 우리 사회에서 형성되어 온 통일 관련 개념과 의미들에 대해서도 문화번역의 관점을 적용할 수 있다. 통일과 관련된 개념들이 어떤 의미로 생성되었고, 어떤 맥락에서 활용되어 왔는지를 살펴보아야 한다. 이를 토대로 통일담론에 대한 화행론적 분석과 새로운 설계가 필요하다. '당위로서의 통일'이나 '민족사적 과제로서의 통일', '경제적 이해를 위한 통일'이 아니라, 건강한 한반도 통일국가를 위한 미래 기획으로서 통일을 디자인해야 한다.